物　理

（通用类）

主　编　李正福

副主编　肖　奎　王广新　张　林

编　委　何　龙　陈进超　朱柏瑾　沈祖荣

　　　　彭鸿喜　李海涛　孙正兵　谭　琳

　　　　王成伟　翟　刚　彭　双

主　审　杨宝山　王国强

北京理工大学出版社
BEIJING INSTITUTE OF TECHNOLOGY PRESS

图书在版编目（CIP）数据

物理 : 通用类 / 李正福主编 . —北京：北京理工大学出版社，2021.7 重印
ISBN 978-7-5682-3711-6

Ⅰ . ①物… Ⅱ . ①李… Ⅲ . ①物理课 – 中等专业学校 – 教材 Ⅳ . ① G634.71

中国版本图书馆 CIP 数据核字（2017）第 031694 号

出版发行 / 北京理工大学出版社有限责任公司
社　　址 / 北京市海淀区中关村南大街 5 号
邮　　编 / 100081
电　　话 /（010）68914775（总编室）
　　　　　（010）82562903（教材售后服务热线）
　　　　　（010）68948351（其他图书服务热线）
网　　址 / http：//www.bitpress.com.cn
经　　销 / 全国各地新华书店
印　　刷 / 定州市新华印刷有限公司
开　　本 / 787 毫米 × 1092 毫米　1/16
印　　张 / 13　　　　　　　　　　　　　　　　　　责任编辑 / 陈莉华
字　　数 / 254 千字　　　　　　　　　　　　　　　　文案编辑 / 刘　佳
版　　次 / 2021 年 7 月第 1 版第 5 次印刷　　　　　　责任校对 / 周瑞红
定　　价 / 38.50 元　　　　　　　　　　　　　　　　责任印制 / 边心超

前 言 / **Preface**

近年来，我国职业教育事业快速发展，体系建设稳步推进，培养了大批中高级技能型人才，为提高劳动者素质、推动经济社会发展和促进就业做出了重要贡献。为加快发展现代职业教育，党中央、国务院对职业教育发展做出了重大战略部署，明确要求全面提升职业教育专业设置、课程开发的专业化水平。在这一背景下，编者就中等职业教育的文化基础课程改革做了全面了解，特别是对经济新常态下中等职业学校公共基础课程教材的开发建设进行了有针对性地调查和探讨。

在相关研究基础上，编者认真学习了《国务院关于加快发展现代职业教育的决定》（国发〔2014〕19号）和《教育部关于深化职业教育教学改革全面提高人才培养质量的若干意见》（教职成〔2015〕6号）等相关文件精神，系统研读了《中等职业学校物理教学大纲》，根据有关规定要求，组织科研院所、中高职学校和普通高中学校的课程专家、物理教学专家、教学研究人员、一线教师共同组成研究、编写队伍，开发了面向中等职业学校物理课程系列教材。

本教材严格遵照《中等职业学校物理教学大纲》，认真领会课程理念，准确把握教学目标，合理选择教学内容，切实符合课时安排，贴近学生生活及生产实际，力求符合中等职业教育教学实际和学生发展的需要，为提高教育教学质量服务。

一、教材编写秉持三个理念

（1）以提高质量为核心，以就业为导向，兼顾升学需求，满足经济社会对高素质劳动者和技能型人才的需要，促进学生全面发展。

（2）体现职业教育特色，既具有通用性又体现针对性，既突出学科特点又服务专业整体发展，既培养科学素养又兼顾人文素养的发展，处理好基础课与专业课的关系，促进不同阶段物理学习的有效衔接。

（3）以服务为宗旨，为学生相关专业课程的学习与综合职业能力培养服务，为学生职业生涯发展和终身学习服务，为学生学习现代科学技术、从事社会主义建设工作打下必要的基础。

二、内容选择做到四个坚持

（1）坚持以学生为中心，遵循中等职业学校学生的认知特点、心理特征和技能形成规律，注重激发学生的学习兴趣，尊重学生的学习主动性。

（2）坚持难度适宜，依据教学大纲，满足课程教学目标，覆盖基础模块的内容，合理设定学习难度，促进初中与中职学习的衔接，并与教学时数安排相匹配。

（3）坚持服务教学，充分考虑教学实际情况，明确教学要求，重视教学评价，优化教学保障，适应不同教学模式。

（4）坚持面向实际，紧跟社会发展，内容反映新知识、新技术、新工艺和新材料，注重理论与实践相结合。

三、组织呈现突出五个特色

（1）教材在形式上尊重中等职业学校学生的阅读特点，大量使用实物图、示意图、模型图、思维导图、概念图，做到图文并茂、字在图中、以图示理，使物理知识呈现立体化、形象化，为学生们创设了一个轻松愉快的学习环境。

（2）全书采用彩色印刷，颜色明快鲜亮、形式生动活泼、重点突出、段落明显、环节清晰，既有良好的视觉效果，又能够突出关键内容。

（3）教材设置丰富多彩的小栏目，涉及物理思想、物理方法、物理史实、科技发展、STSE 教育、STEM 教育以及中华优秀传统文化教育等内容。例如，"物理与生活""阅读材料""物理趣事""物理与科技""广角镜"等，为学生提供选择的空间，让学生自觉地去探索、补充自身需要的知识；以"动手做""思考与讨论""观察与发现"等栏目促使学生动手动脑、亲自实践，培养观察能力、思维能力、实践能力。

（4）充分利用多媒体技术，提供多介质、多媒体，满足不同教学需求，并提供数字化教学资源，为教师教学与学生学习提供比较全面的支持。比如，教材通过网络链接了相关文字、视频、动画、图片等，可供师生查阅，以提高学习兴趣、拓展视野、加深理解。

（5）注重引进现代学习技术，充分考虑自主、合作、探究等学习方式的特点，融合线上线下的学习环境要求，科学设置学习内容的呈现次序和方式，便于师生开展有效学习。比如，在每个"奇思妙想"物理小实验栏目的旁边，都有一个二维码，学生只要一扫描，就能在手机上看到这个物理实验的视频。

综上所述，本教材严格落实教学大纲的要求，努力服务中等职业教育物理教学，力争使教材实用、管用、好用。教材的编写是一个不断完善的过程，难免存在一些问题，编者真诚地欢迎各位同仁批评指正，以期更好地服务中等职业教育课程教材体系建设。

编　者

目录／Contents

第一单元

运动和力

汽车在行驶，飞机在航行，河水在流动，机器在转动，虫子在爬动……宇宙中的一切物体都处在运动中。大到天体，小到分子、原子，无一例外。

物体运动的形式多种多样，有些运动形式之间的差异还比较显著。不同的运动形式背后有没有共同的规律呢？英国科学家牛顿在总结前人工作的基础上，深入系统地研究了运动和力的问题，提出了三大运动定律，揭示了运动和力之间的普遍关系，这就是著名的牛顿运动定律。

本单元在介绍直线运动及其规律的基础上，着重学习牛顿运动定律，理解运动和力之间的关系。

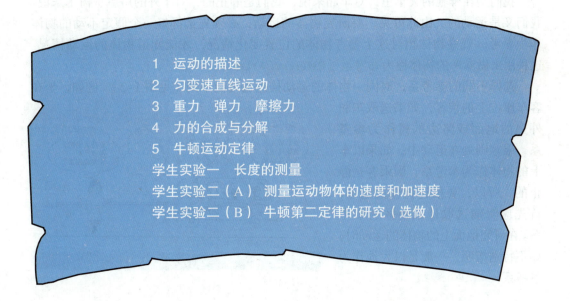

1　运动的描述

2　匀变速直线运动

3　重力　弹力　摩擦力

4　力的合成与分解

5　牛顿运动定律

学生实验一　长度的测量

学生实验二（A）　测量运动物体的速度和加速度

学生实验二（B）　牛顿第二定律的研究（选做）

1 运动的描述

当我们在电视上看到中国的速滑运动员获得奥运冠军、世锦赛冠军或者打破世界纪录（见图1-1）时，都会由衷地赞叹："他们滑得多快呀！"在物理学中，如何描述物体运动的快慢呢？

要准确地描述物体的运动状态，首先需要明确一些概念。

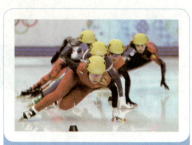

图1-1 速滑比赛

机械运动

一般来说，物体空间位置发生了变化的运动叫作机械运动（Mechanical Motion）。比如，汽车在公路上行驶，飞机在天空中航行，鱼儿在水里游动。

机械运动是自然界中最普遍的运动形式。

参考系

我们坐在奔驰的火车里，对车厢来说，我们是静止的，对车外的房屋、树木来说，我们又是运动的。由此可见，要研究物体的运动，必须先选择好一个假定不动的物体作为参考。观察物体相对这个参考物体的位置变化情况，才能知道物体的运动情况。这种用来做参考的物体称为参考系（Reference Frame）。

选择不同的参考系，对同一物体的运动描述也可能不同（见图1-2）。例如，坐在客车座位上的乘客，如果选取车厢外边的地面或路边的树作为参考系，乘客则处在运动中；如果以车上的物体作为参考系，则乘客是静止的。所以，要描述物体的运动，首先应明确选取什么物体为参考系。在研究地面上的物体的运动时，如不特别指明，一般是以大地作为参考系。

图1-2 运动的相对性

 ## 质点

在描述实际物体运动时，由于物体都有大小和形状，在运动中，物体各点的位置变化一般来说各不相同，所以，要详细描述物体的位置及其变化，并不是一件简单的事。可是，当物体的大小和形状不起作用，或者所起的作用并不显著而可以忽略不计时，我们近似地把该物体看成是一个只具有质量而其体积、形状可以忽略不计的理想物体，用来代替物体的有质量的点称为**质点（Mass Point）**。

举例来说，篮球运动员将球投入篮筐时，观众齐声欢呼，如果我们赞叹篮球从出手到入篮的优美弧线，那么篮球的形状和大小就可以忽略，此时，可以将篮球视为质点；但如果我们想研究篮球在投出后的旋转，则不能将篮球看成质点。再如，当我们研究地球的公转时，由于地球的直径（约 1.3×10^4 km）比地球和太阳间的距离（约 1.5×10^8 km）要小得多，可以忽略不计，这时就可以把地球当作质点来看待；可是，当研究地球自转时，我们就不能忽略地球的大小和形状，也就不能把地球当作质点来看待。

 ## 时间和时刻

描述物体的运动离不开时刻和时间，时刻和时间容易混淆，下面举例说明两者的区别。例如，我们常说上午第一节课在"8点"上课，"8点45分"下课，这里的"8点"和"8点45分"是这节课开始和结束的两个时刻，而这两个时刻之间的间隔量45分钟，则是**时间**。时刻与运动物体所在的位置相对应，时间通常与物体通过的位移或路程相对应。

如果用一个时间轴来表示时刻和时间（见图1–3），则时刻对应轴上的点，如 t_1 和 t_2 表示某一瞬间；而时间则对应轴上的线段，大小等于两个时刻之差，如 t_2-t_1。

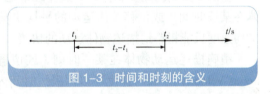

图1–3　时间和时刻的含义

在国际单位制中，时间的单位是秒（s）。

 ## 路程和位移

研究机械运动，有时关注物体走了多远，有时只需要了解起点与终点的相对位置的变化。例如，小明从家（A 点）到商场（B 点），可以选择不同的路线，从 A 点出发经过手机店（O 点）要走大约 6 km，从 A 点出发经过学校（C 点）要走大约 7 km，这里小明走的路线长度 6 km 和 7 km 称为路程。路程（Path）是物体运动轨迹的长度。但不管小明选择走哪条路线，从他家到商场的直线距离都是 4 km，而且小明家相对于商场的方向是固定的，即小明从家到商场的位置变化是确定的。在物理学中，用位移这个物理量表示物体位置的变化。从物体运动的初位置指向末位置的有向线段，称为**位移（Displacement）**。

图 1-4 中，有向线段 AB 就是物体由位置 A 运动到位置 B 的位移，线段 AB 的长度表示位移的大小，其数值为 4 km；位移的方向由 A 指向 B。图中 3 条路线的长度虽然各不相同，但位移是一样的，都可以用有向线段 AB 来表示。

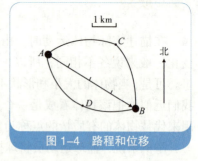

图 1-4 路程和位移

路程是物体运动轨迹的长度，只有大小，没有方向。如图 1-4 所示，如果走 ADB 这条路径，路程就是 ADB 弧线的长度；如果走 ACB 这条路径，路程就是 ACB 弧线的长度；如果走 AB 这条路径，路程就是 AB 直线的长度，此时，物体运动的路程与位移大小相同。

在物理学中，像路程这样只有大小，没有方向的物理量，称为标量（Scalar）。像位移这样既有大小，又有方向的物理量，称为矢量（Vector）。

 ## 速度和速率

物体运动有快慢之分，一般用速度来描述物体运动的快慢。物体的位移 s 与发生这段位移所用时间 t 的比值，称为速度（Velocity），用 v 表示，即

$$v = \frac{s}{t}$$

速度是矢量，其数值等于单位时间内位移的大小，速度的方向就是物体运动的方向。在国际单位制中，速度的单位是米/秒（m/s 或 m·s⁻¹）。

生活中见到的运动物体，其速度经常是变化的，用以上公式计算出的速度，表示物体在某段时间（或位移）内运动的平均快慢程度，称为平均速度（Average Velocity）。平均速度只能粗略地描述物体运动的快慢。

精确描述运动物体在某一时刻（或位置）的运动快慢，要用瞬时速度（Instantaneous Velocity）。瞬时速度可以用极短时间内的平均速度近似表示。瞬时速度的大小也称为速率。如表 1-1 所示为常见物体的速度。

表 1-1 常见物体的速度

物体	速度/（m·s⁻¹）	物体	速度/（m·s⁻¹）
光在真空中传播	3×10^8	大型客机	约 300
地球公转	2.9×10^4	高铁列车	约 90
人造卫星或飞船	7×10^3	高速公路上行驶的汽车	限速 33.3
洲际弹道导弹	5×10^3	奔跑的野兔	可达 18
步枪子弹	约 900	远洋轮船	8~17
军用喷气式飞机	约 600	人步行	约 1

例题： 北京时间 2016 年 8 月 9 日，在里约奥运会男子 200 米自由泳决赛中，我国选手孙杨战胜众多高手夺得冠军。已知在最后的 50 m 冲刺阶段，孙杨用时 26.71 s，请问孙杨在最后 50 m 的平均速度是多少？

已知： $s = 50$ m，$t = 26.71$ s，**求：** $v = ?$

解： $v = \dfrac{s}{t} = \dfrac{50 \text{ m}}{26.71 \text{ s}} \approx 1.87$ m/s

所以，孙杨在最后 50 m 的平均速度是 1.87 m/s。

● 物理与科学

风 洞

在无风的情况下，坐在飞行的飞机里的乘客，用机舱作参考系，认为飞机是静止的，舱外的空气是运动的；站在地面上的观察者，用地面作参考系，因为无风，他认为飞机是运动的，而舱外的空气是静止的。利用运动和静止的相对性，人们设计了风洞，在地面上研究空气对飞机的作用。风洞是在实验室里设置的一个很大的管子，设法在风洞里形成一股高速气流，人们研究这股空气流对悬挂在风洞里不动的飞机（或有关模型）的作用。通过这样的模拟实验，就可以测出飞机在空气中飞行的有关数据。目前，风洞不但为研究飞机和飞行器服务，还广泛应用于改进流线型汽车、火车和船舶的设计。

● 练一练

（1）一列火车从北京开往上海，途中经过一座 50 m 的大桥，请分析在什么情况下可把火车看成质点，又在什么情况下不能把火车看成质点？

（2）两辆汽车在平直公路上同向行驶，在某一时间段内，它们的距离保持不变。试说明，在这段时间内，选取什么作参考系的时候，这两辆车都是静止的？选取什么作参考系的时候，它们又都是运动的？

（3）在公路上，汽车以 54 km/h 的速度向正北方向前进，合多少 m/s？并做出它的图示。

（4）在工程测量中，为了快速、便捷、准确地测量两个位置之间的距离，可以使用激光测距仪，它是通过发射和接收激光束来工作的。请查找资料并讨论激光测距仪的测距原理。

激光测距仪原理

2 匀变速直线运动

我们日常看到的物体的运动,速度常常是变化的。例如,飞机起飞时运动越来越快,火车进站时运动越来越慢。

匀变速直线运动

物体在一条直线上运动,如果在相等的时间内位移不相等,这种运动就称为变速直线运动。在生活中,绝大多数的直线运动都是变速直线运动。

物体做变速直线运动包括两种形式:一种叫作匀变速直线运动,另一种叫作非匀变速直线运动。早在 17 世纪初,意大利物理学家伽利略(Galileo Galilei)认为:在相等的时间内,速度变化相等的直线运动是一种最简单的变速直线运动。

做变速直线运动的物体,如果在任意相等的时间内,速度的变化量相等,这种运动就称为匀变速直线运动。匀变速直线运动又可分为两类:一类是速度均匀增加的匀变速直线运动,称为匀加速直线运动;另一类是速度均匀减少的匀变速直线运动,称为匀减速直线运动。

例如,一个做直线运动的物体,在第 1 秒末的速度是 2 m/s,在第 2 秒末的速度是 4 m/s,在第 3 秒末的速度是 6 m/s,……,每经过 1 秒,它的速度就增加 2 m/s,如图 1–5 所示,这个物体的运动是匀加速直线运动。日常生活中,石块竖直下落的运动,火车在平直轨道上开动后一小段时间内的运动等,都可近似看作匀加速直线运动。

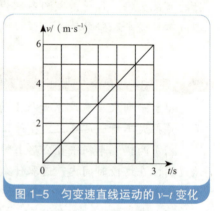

图 1–5 匀变速直线运动的 v–t 变化

加速度

> **●思考与讨论**
>
> 做变速运动的物体,它的瞬时速度是时刻在改变的。不同的变速运动,瞬时速度的改变有快有慢。汽车的速度在几秒内从零增加到几十米每秒。炮弹的速度在千分之几秒内就从零增加到几百米每秒。显然,汽车的速度增加得慢,炮弹的速度增加得快。
>
> 怎样表示速度改变的快慢呢?

我们用位移跟时间的比值来表示物体位置变化的快慢,我们也可以用速度的改变

跟时间的比值来表示速度变化的快慢，这个比值越大，表示速度变化越快。这样，又引入一个新的物理量——加速度。

在匀变速直线运动中，速度的改变与发生这个改变所用时间的比值，称为加速度（Acceleration）。用 v_0 表示初速度，用 v_t 表示末速度，用 t 表示运动时间，用 a 表示加速度，则

$$a = \frac{v_t - v_0}{t}$$

在国际单位制中，加速度的国际单位是 米/秒^2（m/s^2 或 m·s^{-2}）读作米每二次方秒。

加速度是矢量，既有大小，又有方向。大小表示速度变化的快慢，加速度越大，表明速度变化越快；加速度越小，表明速度变化越慢。加速度等于 0，表明速度不变化，物体保持静止或做匀速直线运动。

不同物体做变速运动的加速度差别较大，表 1–2 列出了几种物体做变速运动时的加速度。

表 1–2　几种物体运动的加速度大小

物体	加速度/（m·s^{-2}）	物体	加速度/（m·s^{-2}）
子弹在枪管内加速	3×10^5	赛车加速	4.5
火箭升空	可达 120	汽车加速	可达 2
喷气式飞机着陆	5~8	电梯起动	可达 0.7
汽车急刹车	4~6	地铁出站	可达 0.5

例题 1：汽车紧急刹车前的速度是 20 m/s，制动后经过 4 s 车停下，求该汽车的加速度。

分析：汽车从制动到停止的过程可被看成是匀减速直线运动。题目中"停下来"的含义是末速度为 0，因此，已经知道了初速度、速度变化所用的时间 t 和末速度，可直接用加速度公式来求解。

解：由加速度公式得

$$a = \frac{v_t - v_0}{t} = \frac{0 - 20}{4}\,\text{m/s}^2 = -5\,\text{m/s}^2$$

> ★ 小提示：
>
> 矢量的正负号不代表大小，仅仅表示方向与规定的正方向的异同。
>
> 一般默认初速度的方向为正方向。

即汽车制动加速度的大小为 5 m/s^2，负号表示加速度方向跟汽车运动方向相反，汽车做匀减速直线运动。

 ## 匀变速直线运动的速度规律

对于匀变速直线运动来说，其加速度是不变的，所以，根据加速度公式

$$a = \frac{v_t - v_0}{t}$$

得

$$v_t = v_0 + at$$

上式称为匀变速直线运动的速度公式。如果已知做匀变速直线运动物体的初速度和加速度，那么就可以求出任意时刻物体的速度。

如果初速度为 0，则上式又可简化为

$$v_t = at$$

匀变速直线运动的速度图像

匀变速直线运动的速度和时间的关系也可以用图像来表示。从公式可以看出，速度 v 与时间 t 是一次函数。建立一个平面直角坐标系，横轴表示时间 t，纵轴表示速度 v，将速度与时间的关系画在直角坐标系中，应该是一条直线，如图 1-6 所示。

图 1-6 中，a 是匀减速直线运动的速度图像；b 是匀加速直线运动的速度图像。

利用匀变速直线运动的速度图像，可以求出任意时刻的速度，也可以求出达到某一速度所需要的时间。根据图像的斜率，还可以求出加速度。

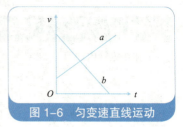

图 1-6 匀变速直线运动

匀变速直线运动的位移规律

可以证明，在匀变速直线运动中，物体的平均速度为

$$\bar{v} = \frac{v_0 + v_t}{2}$$

位移是与速度有关的物理量。如果物体做匀变速直线运动，则有

$$s = \bar{v}t = \frac{v_0 + v_t}{2}t$$

将 $v_t = v_0 + at$ 代入上式，可得

$$s = v_0 t + \frac{1}{2}at^2 \qquad\qquad (1-1)$$

式（1-1）称为匀变速直线运动的位移公式，反映了匀变速直线运动的位移随时间

变化的关系。

如果初速度为 0，即 $v_0 = 0$，则式（1-1）可简化为

$$s = \frac{1}{2}at^2$$

已知初速度和加速度，就可以利用位移公式求出任意时间内的位移。

例题 2： 高铁列车在进站前以 80 m/s 的速度行驶，进站时做匀减速直线运动，加速度的大小为 0.16 m/s²，列车应距离车站多远开始减速？

分析： 火车进站前行驶速度为 80 m/s，即为运动的初速度，"停下来"说明末速度为 0，因为火车做的是匀减速直线运动，故 a 应为 –0.16 m/s²。现要利用位移公式解这道题，需要知道火车减速运动的时间，所以，先可利用速度公式求出时间 t。

解： 由速度公式整理得

$$t = \frac{v_t - v_0}{a} = \frac{0 - 80}{-0.16}\,\text{s} = 500\,\text{s}$$

所以

$$s = v_0 t + \frac{1}{2}at^2 = 80\,\text{m/s} \times 500\,\text{s} + \frac{1}{2} \times \left(-0.16\,\text{m/s}^2\right) \times (500\,\text{s})^2 = 2 \times 10^4\,\text{m}$$

即火车应距离车站 2×10^4 m 处减速。

 ## 自由落体运动

牛顿管演示
自由落体运动

物体从空中下落是一种常见的运动。那么，石头与羽毛从相同高度向地下掉落，哪个先着地？大家可能会不假思索地回答：当然是石头！我们从经验得到的结论是：重的物体都比轻的物体下落得快。两千多年前，古希腊著名哲学家亚里士多德（Aristotle）就是这么认为的。但是，这个说法是否正确呢？物体下落快慢与什么因素有关呢？

如图 1-7 所示，拿一个长约 1.2 m，一端封闭、另一端有管闩的玻璃筒，把形状和轻重都不同的物体，如金属片、小羽毛、小软木塞等放入筒内。如果筒里有空气，这些物体在筒倒转后下落的快慢互不相同。如果筒里的空气完全抽去，这些物体下落的快慢就一样了。

类似的实验现象很多。平常我们看到的物体下落的快慢不同，并不是由于它们的轻重不同，而是由于它们还受到空气阻力的缘故。

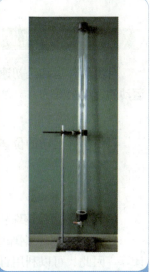

图 1-7 自由落体运动实验

物体在没有空气的空间里，只受重力作用，从静止开始下落的运动叫作**自由落体运动**（Free Fall）。在有空气的空间，如果空气阻力的作用比较小，可以忽略不计，则物体的下落可以近似看成自由落体运动。

自由落体加速度

实验证明，在同一地点，一切物体在自由落体运动中的加速度都相同，这个加速度称为自由落体加速度，也称为**重力加速度**，用 g 表示，它的单位是 m/s^2。自由落体加速度的方向与重力方向相同，竖直向下。在地球上不同的地方，自由落体加速度的值略有不同，见表1-3。一般计算中 g 可以取 9.80 m/s^2，粗略计算中，g 可取 10 m/s^2。如无特别说明，均取 9.80 m/s^2。

表1-3 一些地方的自由落体加速度大小

地点	纬度	自由落体加速度/（m·s^{-2}）
赤道	0°	9.780
广州	23°06′	9.788
武汉	30°33′	9.794
上海	30°12′	9.794
东京	35°43′	9.798
北京	39°56′	9.801
纽约	40°40′	9.803
莫斯科	55°45′	9.816
北极	90°	9.832

自由落体运动的规律

自由落体运动是初速度为零的匀加速直线运动，它的加速度为 g。所以，自由落体运动的速度公式为

$$v_t = gt$$

自由落体运动的位移公式为

$$s = \frac{1}{2}gt^2$$

例题3：一粒钢珠从高空自由落下，求下落 3 s 时的速度和下落高度（$g = 10$ m/s^2）。

分析：本题中，钢珠做自由落体运动，意味着其初速度为零，其重力加速度取 10 m/s^2 计算。因此，可以利用自由落体运动的速度公式和位移公式直接求出结果。

解：由公式

$$v_t = gt$$

得

$$v_t = 10\ \text{m/s}^2 \times 3\ \text{s} = 30\ \text{m/s}$$

由公式

$$s = \frac{1}{2}gt^2$$

得

$$s = \frac{1}{2} \times 10\ \text{m/s}^2 \times (3\ \text{s})^2 = 45\ \text{m}$$

即下落 3 s 时的速度为 30 m/s，下落高度为 45 m。

● 物理与生活

看看你反应有多快?

日常生活与工作中，有时需要人们反应灵敏，对于战士、驾驶员、运动员等更是如此。那么，如何测量我们的反应快慢呢？下面给大家介绍一种简单的方法。

一位同学用两个手指捏住直尺的顶端（见图 1-8），你用一只手在直尺下方做捏住直尺的准备，但手不能碰到直尺，记下这时手指在直尺上的位置。当看到那位同学放开直尺时，你立即捏住直尺。测出直尺降落的高度，根据自由落体运动的知识，就可以算出你做出反应所用的时间。

图 1-8　测反应速度

● 练一练

（1）一艘轮船在海上行驶，测得它在前一半航程中的平均速度为 36 km/h，在后一半航程中的平均速度为 54 km/h，若全程共有 108 km，求：

①它通过全程所用的时间；

②它在全程中的平均速度。

（2）自行车由静止开始做匀加速直线运动，经过 10 s 后它的速度是 5 m/s，求它的加速度。

（3）以 36 km/h 行驶的汽车，沿平直公路开始做匀加速直线运动，加速度是 0.2 m/s²。经过一段时间后，汽车的速度增加到 54 km/h。求汽车通过这段公路所用的时间及这段公路的长度。

（4）飞机以 60 m/s 的速度在机场跑道上着陆，然后以大小为 6 m/s² 的加速度做匀减速直线运动。飞机从着陆到停下来，在跑道上运动的位移是多长？

（5）一个小球从离地面 500 m 的高空做自由落体运动，取 $g = 10\ \text{m/s}^2$，求小球：

①经过多长时间落到地面？

②落地时的速度为多少？

3 重力　弹力　摩擦力

自然界的物体不是孤立存在的，它们之间具有多种多样的相互作用。正是由于这些相互作用，物体在形状、运动状态以及其他肉眼不能察觉的许多方面发生着变化。物体间的这些相互作用可抽象为一个概念：力。

本节研究最基本的 3 种力：重力、弹力、摩擦力。

力的概念

我们在初中已经学过，力（Force）是物体之间的相互作用。力是矢量，不但有大小，而且有方向，其效果还与作用点有关。有时我们用力的示意图（见图 1-9）表示物体在某个方向上受到的力的作用。力的大小可以用弹簧测力计测量。在国际单位制中，力的单位是牛顿，简称牛，符号是 N。

力还可以用带箭头的线段来表示，线段的长短表示力的大小，根据一定的比例画出。箭头的指向表示力的方向，箭尾（或箭头）表示力的作用点，这种表示力的方法，称为力的图示。例如，一个大小为 80 N 的力，沿与水平方向成 30° 角的斜上方拉小车，该力的图示如图 1-10 所示。

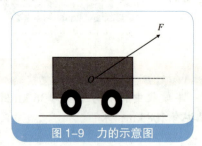

图 1-9　力的示意图

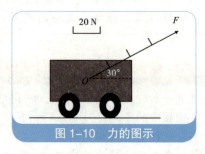

图 1-10　力的图示

重力

熟透了的苹果总会从树上落到地面，江河里的水总是往低处流，这些自然现象都是因为地球对地面附近的一切物体有吸引的作用，这种由于地球的吸引而使物体受到的力叫作重力（Gravity），用 G 表示。物体所受重力 G 与物体质量 m 的关系是

$$G = mg$$

★ 小提示：

等效方法是科学研究中一种常用的方法，在效果相同的前提下，把实际的、复杂的物理过程等效为理想的、简单的过程来处理，既可以使运算大为简化，又可加深人们对物理概念、物理规律的理解。

式中，g 就是前面学过的重力加速度，初中学到的 $g =$ 9.8 N/kg 与 $g = 9.8 \text{ m/s}^2$ 是等效的。

重力不但有大小，而且有方向，重力的方向是竖直向下的。建筑工地上砌墙用的重锤线就利用了重力方向竖直向下的原理。

一个物体的各个部分都会受到重力的作用，从效果上看，可以将各部分受到的重力作用集中于一点，这一点称为物体的重心（Center of Gravity）。重心的位置跟物体质量的分布情况有关，如载重汽车的重心随着所装货物的多少和装载位置而变化。质量分布均匀且形状规则的物体，重心在其几何中心，如图1-11所示。均匀细直棒的重心在棒的中点，均匀立方体的重心在对角线的交点上。对于形状不规则的薄板，我们可以采用悬挂法确定其重心。

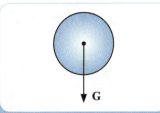

图 1-11　物体的重力与重心（质量分布均匀）

● 物理与生活

重心与稳度

重心与稳度

平放的砖和竖放的砖，都处于稳定的平衡状态，但是它们的稳定程度不同。竖放的砖容易翻倒，而平放的砖不容易翻倒，显然平放的砖比竖放的砖更加稳定，我们把支持面上物体的稳定程度叫作稳度。

物体的稳度不好时，往往容易翻倒。下面几种情况就是稳度不好的例子（见图1-12）。

图 1-12　不好的稳度

实验表明，物体在支持面上受到扰动，过物体重心的重垂线与支持面的交点只要还在边缘接触点所围成的支持面内，就不会翻倒，一旦这一交点移出支持面，物体就会失去平衡而翻倒。所以，提高稳度的方法主要有两种：降低物体重心的高度，增大物体的有效支持面的面积。

台灯底座的面积一般很大，而且往往在底座中还填充有铅块之类的重物，这样既降低了重心的高度，又增大了台灯的有效支持面的面积，使稳度较好，台灯不易翻倒（见图1-13）。

赛车的底盘都做得很重，并且离地间隙很小，这样做的好处之一就是降低了车的重心，使车在过弯道时更稳定，更易操控（见图1-13）。

图1-13 提高稳度的方法

在比较颠簸的路上行车时，乘客蹲着比站着更稳；溜冰时身体向下弯就不易摔倒（见图1-13）；汽车装载货物时总是把比较重的物体放在下面，轻的物体放在上面也是为了降低重心，增加稳定程度。在太极拳等武术运动中，除了用两脚分开下蹲呈马步降低重心、增大稳度外，面向对手呈弓箭步，重心前移去击打对手也可提高自身的稳度。

弹力

平直的木条在力的作用下会弯曲，弹簧受力会伸长或缩短。物体在力的作用下发生的形状或体积的改变称为形变（Deformation）。形变分为弹性形变和塑性形变，塑性形变也称为范性形变。发生塑性形变的物体，其形变不可恢复。发生弹性形变的物体，由于要恢复原状，因此对跟它接触的物体有力的作用，这个力称为弹力（Elastic Force）。

微小形变

产生弹力时，相互作用的物体都有形变，只不过有的形变比较显著，有的形变非常微小。

对于弹簧来说，手拉弹簧，使弹簧伸长，弹簧要恢复原状而对手产生弹力。在弹性限度内，形变越大，弹力也越大；形变消失，弹力也随着消失。实验证明，在弹性限度内，弹簧的弹力F和弹簧形变量（伸长或缩短）的长度x成正比，即

$$F = kx$$

式中，k 称为弹簧的劲度系数，单位是 N/m。它和弹簧的材料、粗细、长度等因素有关。k 在数值上等于弹簧伸长（或缩短）单位长度时的弹力。弹力的方向与弹簧伸长（或缩短）的方向相反。这个规律是英国科学家胡克发现的，称为胡克定律（Hooke's Law）。

弹力产生在直接接触且发生形变的物体之间。静止在水平桌面上的木块，跟桌面发生相互挤压，桌面和木块同时发生微小的形变。桌面由于发生形变而对木块产生向上的弹力，这就是桌面对木块的支持力。同时，木块由于发生微小形变而对桌面产生向下的弹力，这就是木块对桌面的压力（见图1-14）。

起重机的钢索牵引下面的重物匀速上升，钢索和重物都发生微小形变。钢索由于发生形变而对重物产生向上的弹力，这就是钢索对重物的拉力。同时，发生形变的重物为恢复原状也对钢索产生向下的弹力，这就是重物对钢索的拉力（见图1–15）。

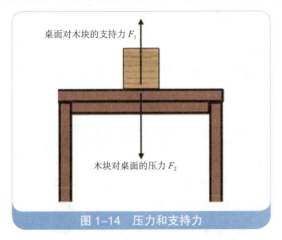

图 1–14　压力和支持力

桌面对木块的支持力 F_1

木块对桌面的压力 F_2

图 1–15　起重机提升重物

支持力、压力、拉力等，是从力产生的效果上加以区分的，从力的性质上说，它们都是由于物体发生形变而产生的，所以都属于弹力。

摩擦力

当一个物体在另一个物体的表面上做相对运动或有相对运动趋势时，在接触面上产生阻碍相对运动的力，这个力称为**摩擦力**（Friction Force），通常用 f 表示。

放在水平地面上的桌子，受到重力的作用，同时，也受到地面对它的支持力，桌子保持静止状态，它所受到的重力和支持力是一对平衡力。对桌子施加一个水平推力，当力比较小时，桌子没有运动，此时，桌子受到的水平推力具有了相对地面的运动趋势，在桌子与地面间产生了阻碍相对运动趋势的力，这个力称为**静摩擦力**（Static Friction Force）。

在没有外力推动时，桌子跟地面间没有摩擦力。推力逐渐增大，桌子仍然保持不动，处于平衡状态，说明静摩擦力随着推力的增大而增大，总是跟推力大小相等，方向相反。随后，推力继续增大到某个程度时，桌子终于被推动了。此时，静摩擦力达到最大值，称为最大静摩擦力，用 f_m 表示。通常两个物体之间的静摩擦力大小关系为

$$0 < f \leqslant f_m$$

物体受到的静摩擦力的方向总是沿着接触面，跟物体的相对运动趋势方向相反。

思考与讨论

人们手拿瓶子靠的是手与瓶子之间的静摩擦力，请问当手对瓶子的压力逐渐增大时，手与瓶子之间的静摩擦力怎样变化？

人在行走时，地面对人脚的静摩擦力方向是怎样的？

当外力超过最大静摩擦力时，物体间就有相对运动，这时的摩擦力称为滑动摩擦力（Sliding Friction Force）。

实验表明，滑动摩擦力随物体间的压力的增大而增大，两者成正比关系，即

$$f = \mu F_N$$

式中符号 μ 称为滑动摩擦系数，F_N 为物体间的压力。

μ 的数值跟相互接触物体的材料和表面情况（如粗糙程度等）有关。表1-4列出了几种材料间的滑动摩擦系数。

表1-4　几种材料间的滑动摩擦系数

材料	滑动摩擦系数	材料	滑动摩擦系数
钢—钢	0.25	钢—冰	0.02
木—木	0.30	木头—冰	0.03
木—金属	0.20	橡皮轮胎—路面（干）	0.71
皮革—铸铁	0.28	钢—重质压黏土	1.2

物体受到滑动摩擦力的方向总是沿着接触面，跟物体的相对运动方向相反。

例题4：为了使质量为 1 000 kg 的木材在水平冰道上匀速滑动，加在木材上的水平拉力应该是多少（已知木和冰之间的滑动摩擦系数 $\mu = 0.03$，g 取 9.8 m/s^2）？

分析：当木材在水平冰道上匀速行驶时，根据二力平衡，水平拉力等于木材所受的滑动摩擦力，要求出滑动摩擦力，就需知道压力，水平地面上物体对地面的正压力等于物体自身的重力。

解：根据公式 $f = \mu F_N$，$F_N = mg$，得

$$f = 0.03 \times 1\,000 \text{ kg} \times 9.8 \text{ m/s}^2 = 294 \text{ N}$$

所以

$$F = f = 294 \text{ N}$$

动手做

观察摩擦力

将书、铅笔盒、书包等物品放在水平桌面上，用弹簧测力计沿水平方向逐渐拉这些物体，观察在物体从静止到运动的整个过程中，弹簧测力计示数的变化情况，比较这些摩擦力的大小。

练一练

（1）画出下面几个物体所受重力的图示。

①放在水平桌面上的重力 $G = 0.6$ N 的墨水瓶。

②竖直向上飞行的重力 $G = 2 \times 10^4$ N 的火箭。

③抛出后在空中飞行的质量 $m = 5\,kg$ 的铅球。

（2）质量均匀的长木方，一端支在水平地面上，另一端被竖直绳悬吊着（见图1-16），长木方受到几个力？各是什么物体对它施加作用？画出长木方受力的示意图。

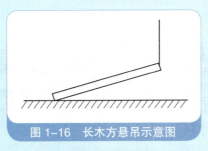

图1-16　长木方悬吊示意图

（3）用弹簧秤竖直悬挂小球保持静止，下列说法中正确的是（　　　　）

A. 弹簧秤对小球的拉力就是小球的重力

B. 小球重力的施力物体是弹簧秤

C. 弹簧秤的示数等于小球的重力的大小

（4）一个玻璃瓶，在下列情况下，是否受到摩擦力？如果受到摩擦力，说出摩擦力的方向？

①瓶子静止在粗糙的水平桌面上；

②瓶子静止在倾斜的桌面上；

③瓶子被悬空握在手中，瓶口朝上；

④快速抽出被瓶子压住的一张纸条。

（5）一根弹簧的劲度系数是 $10\,N/cm$，弹簧原长是 $10\,cm$，当它被压缩到 $6\,cm$ 时，弹簧的弹力是多大？

*（6）请分析自行车在加速前进时地面对后轮摩擦力的方向。

4 力的合成与分解

在大多数实际问题中，物体往往同时受到几个力的作用，为了研究问题的方便，有时需要将这几个力进行等效合成，有时需要将某个力进行等效分解。本节内容将研究力的合成与分解的一般方法。

力的合成

我们曾经见到过这样的场景：在植树时，两位低年级同学提着一桶水，一位高年级同学提着同样一桶水（见图1-17）;在冬天的东北雪域，十几条狗拉着一辆雪橇行走，一匹马拉着同样的一辆雪橇行走(见图1-18)；一辆车陷入泥坑，几个人帮忙把它拉出来，一辆拖拉机也可以把它拉出来……在这些例子中，后一个力产生的作用效果跟前几个力共同作用的效果相同。

图1-17 提水

图1-18 拉雪橇

在物理学中，如果一个力的作用效果与几个力的作用效果相同，我们就把这一个力称为那几个**力的合力（Resultant Force）**，而那几个力称为这一个**力的分力（Component Force）**。

求几个力的合力，称为**力的合成（Composition of Forces）**。如果几个力都作用于物体的同一个点，或它们的作用线相交于一点，这几个力就称为共点力。下面用实验研究两个共点力的合成。

动手做

如图1-19所示，将3个强力磁吸滑轮紧吸在黑板上。将一根橡皮筋的左端固定在磁吸滑轮上，将两条细绳系在橡皮筋的右端，把绳的末端结成套环，用来挂钩码。

图1-19（a）表示橡皮筋在两个力F_1和F_2的共同作用下，沿着直线PH伸长到了点O，并静止。图1-19（b）表示撤去F_1和F_2，用一个力F作用在橡皮筋上，使橡皮筋的右端沿相同的直线伸长到O点，并处于静止状态。力F产生的效果与力F_1和F_2共同作用的效果相同，所以力F就是F_1和F_2的合力。

在力F_1、F_2和F的方向上，根据一定比例，各做线段OA、OB和OC，使它们的长度分别表示力F_1、F_2和F的大小，如图1-19（c）所示。量度结果表明，在误差允许的范围内OACB是一个平行四边形，OC是以OA和OB为邻边的平行四边形OACB的对角线。

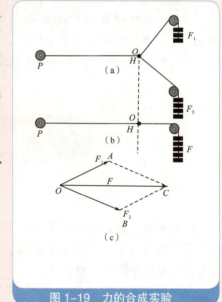

图1-19 力的合成实验

改变F_1和F_2的大小和方向，重做上述实验，并与对应的力F进行对比，可以得到同样的结论。

通过前面的实验可以知道，力的合成遵循平行四边形定则。

平行四边形定则：以表示两个力的线段为邻边，作平行四边形，从作用点出发的对角线就表示合力的大小和方向。

当 F_1 和 F_2 的大小保持不变时，当它们间的夹角为零，即二力方向相同时，合力最大，大小等于二力的数值之和，其方向与二力方向相同；当夹角为 180°，即二力方向相反时，合力最小，大小等于二力数值之差，其方向与较大的力的方向相同；当夹角在 0°~180° 之间逐渐增大时，其合力逐渐减小。

例题 5：力 $F_1 = 30\ \text{N}$，方向竖直向上，力 $F_2 = 40\ \text{N}$，方向水平向右。通过作图求这两个力的合力的大小和方向。

分析与解：选择某一标度，例如用 10 mm 长的线段表示 10 N 的力，作出的平行四边形，如图 1-20 所示，对角线表示合力的大小和方向。

用刻度尺测量可知，表示合力的对角线长 50 mm，所以，合力的大小等于 50 N。用量角器测得合力 F 与力 F_2 的夹角为 37°。

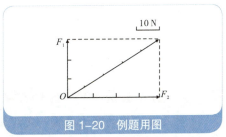

图 1-20　例题用图

力的分解

在实际生产和生活中，作用在物体上的一个力往往在不同的方向上产生几个效果。比如，用斜向上的力拉一个箱子水平向右运动，如图 1-21 所示。拉力 F 产生两个效果：一个水平的力 F_1 使箱子水平向右运动，一个竖直向上的力 F_2 把箱子往上提。有时为了研究力的作用效果，可以把力按它起作用的方向分解成两个力来代替，这两个力就称为**力的分力**。求已知力的分已知力称为**力的分解**（Decomposition of Force）。

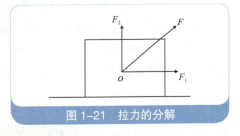

图 1-21　拉力的分解

力的分解同样遵循平行四边形定则。同一个力 F 可以分解为无数对大小、方向都不同的分力，如图 1-22 所示。一个已知力究竟应该怎样分解，要根据实际情况确定。

如图 1-23 所示，将一个质量为 m 的重球悬挂在光滑的墙面上，悬绳与墙之间的夹角为 α。以球为研究对象，球受到重力、墙的支持力和悬线的拉力 3 个力的作用。重力 G 产生两个效果：第一，使绳绷紧产生形变，其分力用 F_1 来表示；第二，使球水平向左挤压竖直墙面，用垂直于接触面方向的 F_2 来表示分力。

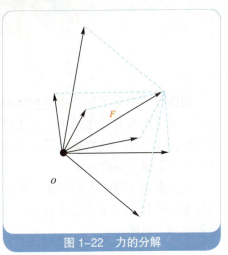

图 1-22　力的分解

作出以 G 为对角线，F_1 和 F_2 为邻边的平行四边形。根据几何知识可得

$$F_1 = \frac{G}{\cos\alpha}$$

$$F_2 = G\tan\alpha$$

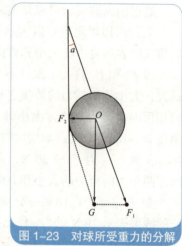

图 1-23　对球所受重力的分解

●思考与讨论

两个共点力的合力是否一定比分力大？

●练一练

（1）两个共点力间的夹角是 90°，力的大小分别是 90 N 和 120 N，试用作图法和勾股定理，求合力的大小和方向。

（2）一个竖直向下的 60 N 的力分解为两个分力，一个分力水平向右，大小等于 80 N，求另一个分力的大小和方向。

（3）小明同学骑自行车沿倾角为 30° 的斜坡向下做直线运动，人和车共重 800 N，求重力产生的使车下滑和使车压紧斜面的效果力各是多大？

5 牛顿运动定律

前面我们学习了怎样描述物体的运动，但并没有讨论物体为什么会做这种或那种运动。在生产和日常生活中，更重要的是要控制各种物体的运动情况，例如，使运动的物体停止运动，使物体的运动加快或减慢等。为了要改变物体的运动，必须知道物体为什么会做不同的运动。

许多世纪以来，人类积累了不少关于各种运动的经验和知识，在这个基础上，英国科学家牛顿总结出了三大定律，称为运动三定律或称牛顿运动定律，本节我们就来学习这三大定律。

牛顿第一定律

历史的回顾

远在两千多年以前，人们已经提出了运动和力的关系。可是直到伽利略（1564—1642）和牛顿（1643—1727），才对这个问题给出了正确答案。

在伽利略以前，人们普遍认为力是维持物体运动状态的原因。用力推车，车子才前进，停止用力，车子就要停下来。古希腊著名哲学家亚里士多德（公元前384—322）根据这类经验事实得出结论：必须有力作用在物体上，物体才能运动，没有力的作用，物体就要静止下来。

由于时代的局限性，在亚里士多德以后的两千年内，这个观点一直被认为是正确的。直到17世纪，意大利著名物理学家伽利略认识到，运动物体之所以会停下来，是因为受到摩擦阻力的缘故。他断言：一旦物体具有某一速度，只要没有加速或减速的原因，这个速度将保持不变，而这种情况只有在摩擦力极小的平面上才能近似达到。在伽利略看来，力不是维持物体运动状态的原因，而是改变物体运动状态的原因。

在伽利略等人研究的基础上，牛顿根据自己对力学的研究与总结，提出了著名的牛顿第一定律（Newton First Law）。

牛顿第一定律：一切物体总要保持匀速直线运动或静止状态，直到有外力迫使它改变这种状态为止。

一切物体都具有保持原来运动状态的性质——惯性（Inertia）。惯性是一切物体所固有的属性。观察和实验表明，对于任何物体，在受到相同的作用力时，决定它们的状态改变难易程度的唯一因素就是它们的质量。因此，质量是物体惯性大小的量度。质量越大，惯性越大；质量越小，惯性越小。

当我们在乘坐公交车，汽车突然开动时，身体要向后倾倒，这是因为汽车起动时乘客由于惯性要保持初始静止状态。当汽车突然刹车停止时，身体要向前倾倒，这是因为汽车在做减速运动的过程中，乘客由于惯性要保持原来的速度前进。那么，大家思考一下，从运动的滑板上跳到地面时，如何避免摔倒？

牛顿第二定律

牛顿第一定律告诉我们，物体如果没有受到力的作用，运动状态不会发生改变。

由此可知，如果物体的运动状态发生了改变，必定要有力作用在物体上。

列车出站时，在机车牵引力的作用下，列车由静止开始运动，并且速度不断增大；列车进站时，由于受到阻力作用，速度不断减小，最后停下来；抛出的手榴弹、射出的炮弹由于受到重力的作用，速度的大小和方向都不断变化，做曲线运动。可见，物体运动状态的变化，是由于受到力的作用，力是改变物体运动状态的原因。

●思考与讨论

物体运动状态发生改变时，物体具有加速度，所以，力是使物体产生加速度的原因。那么，加速度究竟与哪些因素有关呢？

经验告诉我们，同一静止的物体，用不同的力去推它，推力小，它的速度增加得慢，即加速度小；推力大，它的速度增加得快，即加速度大。可见，对同一物体来说，它受到的外力越大，它的加速度越大；反之，加速度就越小，即加速度与物体所受外力有关。

另一类事实告诉我们，受同样大小的力，一辆空车和载有货物后，空车的速度增加得快，加速度大；载有货物的车速度增加得慢，加速度小。如果它们以相同速度运动，在相同大小的阻力作用下，空车能在较短时间内停下来，速度减小得快，加速度大；载有货物的车需经较长时间才能停下来，速度减小得慢，加速度小，即加速度与物体的质量有关。

为了研究加速度 a、力 F 和质量 m 三者之间的关系，我们采用控制变量法来探讨这个问题。

●动手做

将一个小车放在滑道上，调整滑道的倾角，使小车在滑道上恰能做匀速直线运动。然后，在小车的前端系上细绳，绳的另一端跨过定滑轮挂上适量的砝码，使小车在细绳拉力作用下做匀加速直线运动，如图1-24所示。当砝码的质量远小于小车的质量时，小车所受的水平拉力 F 的大小近似等于砝码的重力大小。在车的后端固定一条纸带，利用打点计时器测量小车运动的加速度。

图1-24 小车实验

1. 加速度 a 和力 F 的关系

接通电源，使打点计时器开始工作，然后释放小车让它从静止开始牵引纸带做加速运动。

（1）应用所学知识，求出小车运动的加速度大小并加以记录。

（2）多次改变砝码的质量，按同样的方法求出对应加速度的大小。

实验数据表明：质量相同的物体，加速度与其所受的外力成正比，即

$$a \propto F$$

2. 加速度 a 与质量 m 的关系

保持砝码质量不变，多次改变小车自身质量大小，重复上述实验。

实验数据表明：在相同外力作用下，物体的加速度与其质量成反比，即

$$a \propto 1/m$$

更多的实验结果表明，物体运动的加速度与物体的质量、外力的关系遵循牛顿第二定律（Newton Second Law）。

牛顿第二定律：物体的加速度与物体所受的合外力成正比，与物体的质量成反比。

把质量为 1 kg 的物体产生 1 m/s² 的加速度所需要的力定义为 1 N，即

$$1\ N = 1\ kg \cdot m/s^2$$

牛顿第二定律的数学表达式为

$$F_合 = ma$$

其中，$F_合$ 即是物体获得加速度 a 所需的合外力。

例题 6：一辆卡车空载和满载时的质量分别为 4.0×10^3 kg 和 1.2×10^4 kg，使空载车获得 0.3 m/s² 的加速度所需要的力为 F，则该力可使满载车获得多大的加速度？（忽略卡车所受阻力）

分析：根据牛顿第二定律知 $a = F/m$，要想求满载车产生的加速度，已知满载车的质量，只要知道满载车所受的力即可，由题意可知，此力就是使空载车产生加速度 0.3 m/s² 的力 F，空载车的质量已知，所以力 F 可求。

解：由牛顿第二定律，可得

$$F = m_1 a_1, \quad F = m_2 a_2$$

$$a_2 = \frac{m_1 a_1}{m_2} = \frac{4.0 \times 10^3 \times 0.3}{1.2 \times 10^4}\, m/s^2 = 0.1\, m/s^2$$

●广角镜

质量对惯性大小的影响

在实际应用中，要求物体的运动状态容易改变时，应该尽可能地减少它的质量。例如，歼击机的质量比运输机、轰炸机都小，在战斗前，还要抛掉副油箱以减小惯性，提高歼击机的机动性。相反，当要求物体的运动状态不易改变时，应增大物体的质量，电动机、车床等机器都固定在很重的机座上，以增大惯性，减少机器的震动，避免因撞击而发生不必要的移动。

牛顿第三定律

● 思考与讨论

甲乙两队进行拔河比赛，结果是甲队战胜了乙队。有人说，这是因为甲队对乙队的拉力大于乙队对甲队的拉力；但是，也有人说甲乙两队之间的拉力一样大。你怎么认为？

我们知道，力是物体对物体的作用，而且力总是成对出现的，施力物体同时也是受力物体。用力踢足球，脚对球的作用力改变了球的运动状态；同时，球对脚也有力的作用，使脚感到疼痛。可见，两个物体间的作用是相互的。

发生在两个物体间且同时成对出现的相互作用力，称为作用力（Action）和反作用力（Reaction）。

● 观察与发现

如图 1-25 所示，连接在一起的是两个结构完全相同的弹簧秤。如图 1-25（a）所示，用一只手先固定左边的弹簧秤，用另一只手拉右边的弹簧秤；如图 1-25（b）所示，固定右边的弹簧秤，拉左边的弹簧秤；如图 1-25（c）所示，两只手一起拉两个弹簧秤。通过观察，无论哪种情况，两个弹簧秤指针都是同时移动的，且示数相等。如果一只弹簧秤的示数为作用力的大小，那么，另一只弹簧秤的示数就为反作用力的大小。这两个力都是弹簧秤与弹簧秤之间的拉力。

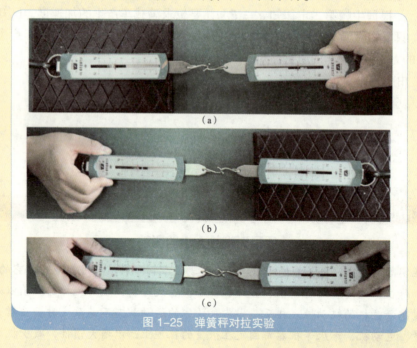

（a）

（b）

（c）

图 1-25　弹簧秤对拉实验

大量实验数据表明，作用力和反作用力满足以下规律：

牛顿第三定律：两个物体之间的作用力 F 和反作用力 F' 总是大小相等，方向相反，作用在同一条直线上。

与平衡力不同，作用力与反作用力总是同时产生、同时消失、同时变化且性质相同。

● 物理与生活

牛顿第三定律在生活、生产和科学技术上的应用很广泛。人走路时用脚蹬地，脚对地面施加了作用力，地面同时给脚施加反作用力，使人前进；汽车的发动机驱动车轮转动，由于轮胎与地面的摩擦，车轮向后推地面，地面给轮胎一个反作用力，使汽车前进；轮船航行时旋转的螺旋桨向后推水，水同时也向前推螺旋桨，使轮船前进……

 ## 国际单位制（SI）

在力学范围内规定长度、时间和质量的单位为基本单位；其他物理量的单位称为导出单位。例如，根据速度公式，用 m 作位移单位，用 s 作时间单位，可推导出速度的单位是 m/s；根据加速度公式，可推导出加速度的单位是 m/s^2 等。

单位制的故事

基本单位和导出单位一起组成了单位制（见附录1和附录2）。同一个物理量可以有很多不同形式的单位，例如，长度单位有千米、米、分米、厘米、毫米、微米、纳米等；时间单位有小时、分钟、秒、毫秒等；质量单位有吨、千克、克、毫克等。

在国际单位制中，取千克（kg）、米（m）、秒（s）作为力学的基本单位，本书采用国际单位制。

● 练一练

（1）我国法律规定，乘坐汽车时驾驶员和乘客都需要系安全带，请查阅资料，了解这项规定的必要性。

（2）水平匀速飞行的轰炸机选择当目标在飞机正下方时投下炸弹，这样能否击中目标？为什么？

（3）我国自主研制的"长征二号"捆绑式运载火箭有4个助推器，起飞时有8台发动机同时点火工作，推力达到 $5.92×10^6$ N，火箭起飞质量为 $4.6×10^5$ kg，那么它的起飞加速度最大是多少？（g取10m/s，计算结果保留两位小数）

（4）水平路面上质量是30 kg的货箱在受到60 N的水平推力时做加速度为 1.5 m/s^2 的匀加速直线运动。如果撤去推力，货箱的加速度是多大？

（5）一个物体水平放在台式弹簧秤上，处于静止状态。试证明物体对弹簧秤的压力等于物体所受的重力。

（6）细绳上端固定在天花板上，下端悬挂一个篮子，这时有几对作用力和反作用力？哪些力使篮子处于平衡状态？

（7）一辆质量是 2 t 的汽车，在水平公路上以 54 km/h 的速度匀速行驶。据测试，当这辆车在这种路面上紧急刹车时，汽车所受阻力为 1.2×10^4 N。汽车要滑行多大距离才能停下来？

学生实验一　长度的测量

实验目的

（1）了解误差及有效数字。
（2）学习正确使用游标卡尺，并了解测量原理。
（3）了解螺旋测微器的测量功能。
（4）能用有效数字表示测量结果。

实验器材

游标卡尺；金属圆柱体；细导线；螺旋测微器。

 准备活动：误差和有效数字

误差

任何测量结果都不可能绝对准确。测量值跟被测物理量的真实值总会有差异，这种差异称为误差（Error）。由各种偶然因素对实验者、测量仪器、被测物理量的影响而产生的误差称为偶然误差（Accidental Error）。偶然误差总是有时偏大、有时偏小，并且偏大、偏小的概率相同。由于仪器的不完善、测量技术上受到限制、实验方法不够完善或没有保证正确的实验条件等原因产生的误差称为系统误差（Systematic Error）。

有效数字

读数时，通常最后一位数字是估读的，存在不确定性。这种带有一位不确定数字的近似数字称为有效数字（Significant Figure）。例如，1.32 cm 的末位数 2 是估读的、不确定的，真实值在 1.3 cm 和 1.4 cm 之间。但是，这个不确定的数字 2 还是有用的，仍要写出来,因此,1.32 cm 是 3 位有效数字,改写成 13.2 mm 或 0.0132 m 仍然是 3 位有效数字。

实验原理

　　游标卡尺是精细尺度测量中一种常用的测量工具(见图 1-26 和图 1-27)。如图 1-28 所示,游标卡尺主要由主尺、游标尺和深度尺组成。根据测量对象的不同,尺子的不同部位还设计有对应的限位卡脚。其中,内卡脚主要测量管状材料的内径,外卡脚用来测量材料的长度及外径,而深度尺用来测量容器内深度。

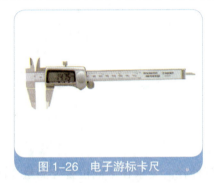

图 1-26　电子游标卡尺

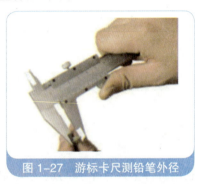

图 1-27　游标卡尺测铅笔外径

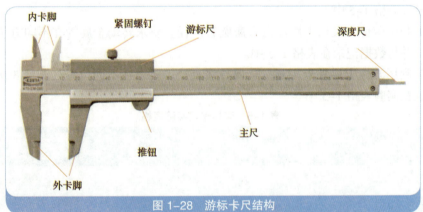

图 1-28　游标卡尺结构

　　游标卡尺的主尺一般以 mm 为最小单位,根据测量精度的不同其游标尺上会有不同数量的分格,常见的游标卡尺有 10 分度游标卡尺、20 分度游标卡尺和 50 分度游标卡尺等。

　　游标卡尺的分类是以游标尺上的分度值确定的,10 分度游标卡尺是指游标尺上共有 10 个刻度,总长为 9 mm;由图 1-29 中可以看到,当游标尺 0 刻度与主尺 0 刻度对齐时,游标尺的第 10 个刻度恰好与主尺 9 mm 刻度对齐,则游标尺上每一个小格的长度应为 0.9 mm,这样就与主尺上的最小刻度 1.0 mm 有了 0.1 mm 的差值,这一差值称为游标卡尺的精度。

　　利用游标卡尺测量物体尺度时,需要分两次读数。如图 1-29 所示,测量以 mm 为单位,首先需要读出游标尺 0 刻度线所对

> ★ 小提示:
>
> 　　零点误差:测量前应先读出游标卡尺是否有零点误差。将卡脚闭合,若游标尺 0 刻度线与主尺 0 刻度线重合,则不存在零点误差;否则应读出零点误差,则有:
> 结果=测量值－零点误差

应主尺上左侧的整数部分，设整数部分读数为 l_0；若游标尺上的第 n 条刻度与主尺上某一条刻度对齐，则读数的小数部分即为：$\Delta l = n \times$ 精度。这样我们就得到了游标卡尺的完整读数

$$l = l_0 + \Delta l$$

则图 1-29 右侧游标卡尺的读数应为：整数部分 $l_0 = 54\ \text{mm}$，小数部分读数为 $\Delta l = n \times$ 精度 $= 5 \times 0.1\ \text{mm} = 0.5\ \text{mm}$，完整的测量值为 $l = l_0 + \Delta l = 54.5\ \text{mm}$。

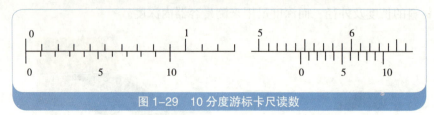

图 1-29　10 分度游标卡尺读数

🖊 实验步骤

（1）利用游标卡尺外卡脚测量金属圆管外径。要求在不同位置处测量 3 次，并将数据记录在表格 1-5 中。

（2）利用游标卡尺内卡脚测量金属圆管内径。要求转动金属管在不同方位测量内径 3 次，并将数据记录在表格 1-5 中。

（3）利用游标卡尺外卡脚测量金属导线直径。要求在不同位置处测量 3 次，并将数据记录在实验表格 1-5 中。

表 1-5　游标卡尺实验表格

测量序号	金属圆管外径 $D_{外}$/mm	金属圆管内径 $D_{内}$/mm	金属导线直径 d/mm
1			
2			
3			
平均值	$\overline{D}_{外} =$	$\overline{D}_{内} =$	$\overline{d} =$

● 实验结论

金属圆管外径为：$D_{外} = \overline{D}_{外} \pm \Delta D_{外} = $ _____。

金属圆管内径为：$D_{内} = \overline{D}_{内} \pm \Delta D_{内} = $ _____。

金属导线直径为：$d = \overline{d} \pm \Delta d = $ _____。

螺旋测微器

　　螺旋测微器（又称千分尺）的构造如图 1-30 所示，是比游标卡尺更精密的测量工具，用它测量可以准确到 0.01 mm，它的一部分加工成螺距为 0.5 mm 的螺纹，套管转动时，可前进或后退，活动套管和测微螺杆连成一体，其周边等分成 50 个分格。测微螺杆转动的整圈数由固定套管上间隔 0.5 mm 的刻线去测量，不足一圈的部分由活动套管上的可动刻线去测量，最终测量结果需要估读一位小数。

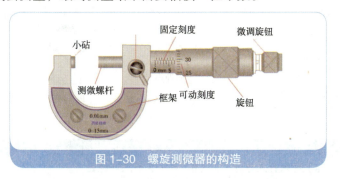

螺旋测微器

图 1-30　螺旋测微器的构造

学生实验二（A）
测量运动物体的速度和加速度

方法一：利用打点计时器测量研究

实验目的

　　（1）了解电火花打点计时器或电磁打点计时器的工作原理，并能够熟练使用。

　　（2）掌握打点计时器纸带分析的方法，能够利用打点计时器测量匀变速直线运动物体的速度与加速度。

实验器材

　　电火花打点计时器/电磁打点计时器；纸带；刻度尺；交流电源（220 V）；长木板（附滑轮）；小车；天平；细绳；50 g 钩码若干。

 准备活动：认识打点计时器

　　打点计时器是一种测量时间的工具，常用的有电磁打点计时器和电火花打点计时器,其结构如图 1–31 所示。当外接交流电源为 50 Hz 时,两者均每隔 0.02 s 打一次点,即当纸带穿过限位孔运动时,纸带上打下相邻的两个点所经历的时间间隔为 0.02 s。这样,当物体拖动纸带一起运动时,打点计时器就会在纸带上留下一系列的墨点,通过测量不同点间的距离关系,结合打点的时间间隔特点,就可以分析物体的运动学信息。

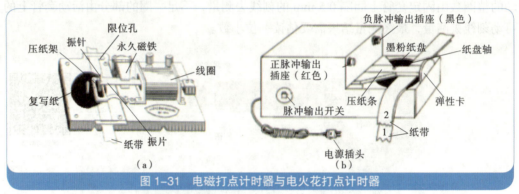

图 1–31 电磁打点计时器与电火花打点计时器

(a) 电磁打点计时器；(b) 电火花打点计时器

从工作原理上讲,电磁打点计时器与电火花打点计时器有明显区别。电磁打点计时器使用交流电,工作电压介于 4~6 V,通电后其内部线圈产生磁场磁化铁质振片,由于交流电周期性变化的影响,振片会在永久磁铁的磁场作用下做往复运动,从而使振针敲击复写纸与纸带,留下点迹。

电火花打点计时器需要外接 220 V 交流电源,开始工作后由其内部输出脉冲电流,在一个周期内,接正极的放电针和接负极的墨粉纸盘会产生一次火花放电,从而在纸带上留下墨点,因此,电火花打点计时器打出点间的时间间隔等于交流电的周期。

●物理新知

两种打点计时器工作优势对比：

(1) 电磁打点计时器干扰纸带正常运动。当电磁打点计时器工作时,振针需要切实与纸带发生物理挤压后才能将点迹留下,按照 50 Hz 的打点频率,当纸带运动较慢时,这一影响或许还不是特别明显,但当物体拖动纸带速度较快时,振针对纸带运动的阻碍作用就会越发明显。相较而言,电火花计时器是利用高压脉冲火花放电,属于非接触式打点,不会干扰纸带运动,可以有效地减少测量误差。

(2) 电磁打点计时器打点等时性较差。电磁打点计时器的计时周期同样会受到纸带运动的干扰,当纸带静止时,若电磁打点计时器调节适当,打点的等时性就能得到保证。但是,当纸带运动时,受到振针冲击作用的纸带对振针也产生反作用,从而使振针打点时相位产生显著漂移,破坏了打点的等时性。

实验原理

实验装置

如图 1-32 所示，启动电磁打点计时器后，利用钩码自身的重力拉动小车，使小车在长木板上做直线运动，固定在小车尾部的纸带与小车一起运动，打点计时器会在纸带上打下一系列点迹，并且相邻两个点的时间间隔为 0.02 s。这样就可以得到一条记录小车运动信息的纸带。

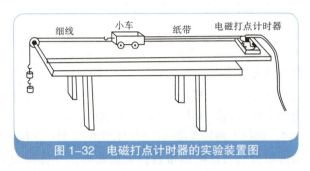

图 1-32　电磁打点计时器的实验装置图

纸带数据分析

若小车所做运动为匀加速直线运动，则其对应纸带点迹如图 1-33 所示。

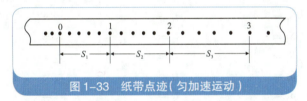

图 1-33　纸带点迹（匀加速运动）

小车开始运动时干扰因素较多，点迹混乱，应舍弃纸带初始位置处的一系列点，选择点迹清晰、规律的位置作为初始计数点。为了减小误差和计算简便，通常选取 5 段时间间隔为一个时间单位，这样小车通过相邻计数点所用的时间为 0.1 s，选择初始位置为 0 计数点，此后每 5 个点迹标注一个数字，依次递加。设 0 到 1 计数点间距为 S_1，1 到 2 计数点间距为 S_2，依次类推。

设计数点 1、2、3……位置处小车运动的瞬时速度为 v_1、v_2、v_3……，则根据匀变速直线运动的规律可知，小车通过一段距离的平均速度等于该段距离运动中间时刻的瞬时速度，v_1、v_2、v_3……即可表示为

$$v_1 = \frac{S_1 + S_2}{2T}, \quad v_2 = \frac{S_2 + S_3}{2T}, \quad v_3 = \frac{S_3 + S_4}{2T} \cdots$$

设小车所做的匀加速直线运动的加速度为 a，其加速度与位移和时间间隔的函数关

系可表示为

$$\Delta S = S_n - S_{n-1} = aT^2, \quad a = \frac{\Delta S}{T^2} = \frac{S_n - S_{n-1}}{T^2}$$

可见，只要通过分析纸带数据就可以间接得出小车运动的速度和加速度信息。

 实验步骤

（1）按照图 1-32 所示在水平桌面上组装实验器材，将长木板有滑轮的一侧伸出桌面，把打点计时器固定在木板的另一端。纸带的一端固定在小车尾部，另一端穿过打点计时器的限位孔，连接好电路。

（2）为了平衡摩擦力对小车运动的影响，可利用垫块将木板远离滑轮一侧略微垫高，轻推小车，以小车能匀速滑行为准。

（3）用细绳跨过滑轮连接小车和一个钩码，将小车移动至打点计时器附近，接通电源，放开小车，使小车在钩码的作用下拉动纸带运动。

（4）重复实验 3 次，选择点迹较为清晰、规律较为明显的一条纸带作为研究对象，按照"实验原理"中的纸带分析方法对纸带进行分析处理，并将相关数据记录在实验表格 1-6 中。

表 1-6　打点计时器实验表格

计数点	相邻计数点间距离	计数点处的对应时刻	计数点处的瞬时速度	对应加速度
0		$t_0 =$		
1	$S_1 =$	$t_1 =$	$v_1 =$	$a_1 =$
2	$S_2 =$	$t_2 =$	$v_2 =$	$a_2 =$
3	$S_3 =$	$t_3 =$	$v_3 =$	$a_3 =$
4	$S_4 =$	$t_4 =$	$v_4 =$	$a_4 =$
5	$S_5 =$	$t_5 =$	$v_5 =$	$a_5 =$
6	$S_6 =$	$t_6 =$		

平均加速度 $\bar{a} =$

方法二：利用气垫导轨测量研究

实验目的

（1）了解气垫导轨，会配合光电门进行相关测量。
（2）能够利用气垫导轨测量匀变速直线运动物体的速度与加速度。

实验器材

气垫导轨实验套装一套（导轨、气泵、光电门、数字计时器、遮光片、滑块、负载垫片若干）；天平；细绳；50 g 钩码若干。

准备活动：认识气垫导轨

气垫导轨是一种现代化的力学实验仪器。如图1-34所示，它利用小型气泵将压缩空气送入导轨内腔。再由导轨表面上的小孔中喷出空气，在导轨表面与L形滑块内表面之间形成很薄的气垫层。滑块就浮在气垫层上，与轨面脱离接触，因而能在轨面上做近似无阻力的直线

图1-34　气垫导轨套装

运动，极大地减小了以往在力学实验中由于滑动或滚动摩擦力引起的误差。结合光电门（见图1-35）、数字计时器（见图1-36）等其他附件，就可以进行多种力学、运动学规律的测量和探究。

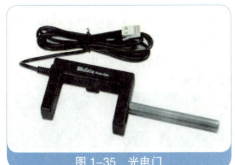

图1-35　光电门

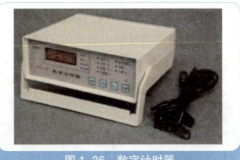

图1-36　数字计时器

实验原理

在数字计时器上选择"Pz"挡，测量I形遮光片的遮光时间t，利用刻度尺测量或通过设备标注得到I形遮光片的宽度L。这样当装有遮光片的滑块通过光电门时，就可以通过如下公式计算滑块此时刻的瞬时速度，即

$$v = L/t$$

在一次实验中，滑块连续通过相距为S的两个光电门，利用上式分别计算出通过两个光电门的瞬时速度v_1、v_2，则在整个匀加速直线运动过程中的加速度可以利用式（1-2）计算得出，即

$$a = \frac{v_2^2 - v_1^2}{2S} \tag{1-2}$$

实验步骤

（1）按照图1-37所示在水平桌面上组装实验仪器，选择I形遮光片与滑块相连。将气垫导轨有滑轮的一侧伸出桌面，调节两个光电门的间距为40~60 cm，连接好电路。

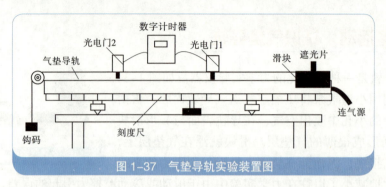

图 1-37　气垫导轨实验装置图

（2）调节气垫导轨水平，以滑块在导轨正中静止时不自发移动为准。

（3）用细绳跨过滑轮，连接滑块和一枚钩码，将滑块移动至导轨最右侧的光电门以外，将数字计时器调至"Pz"挡，并将内部数据清零。

（4）放开滑块，使其在钩码重力的作用下运动，记录遮光片通过两个光电门的时间 t_1、t_2，计算运动过程中滑块的加速度 a_1，并将数据记录在实验表格 1-7 中。

（5）重复实验 3 次，取其加速度的平均值，记录在实验表格 1-7 中。

表 1-7　气垫导轨实验表格

光电门间距：$S =$ _____ mm			遮光片宽度：$L =$ _____ mm		
序号	左光电门计时 t_1/s	瞬时速度 v_1/$(\mathrm{m \cdot s^{-1}})$	右光电门计时 t_2/s	瞬时速度 v_2/$(\mathrm{m \cdot s^{-1}})$	加速度 a/$(\mathrm{m \cdot s^{-2}})$
1					
2					
3					
平均加速度 $\bar{a} =$					

● 实验结论

在本实验中，利用钩码重力拉动小车由静止开始运动，小车的运动方式为 _____ 运动。

学生实验二（B）
牛顿第二定律的研究（选做）

实验目的

（1）练习使用打点计时器或气垫导轨。

（2）利用打点计时器或气垫导轨研究加速度与力和质量的关系。

（3）学习用控制变量法研究物理规律。

实验器材

电火花打点计时器/电磁打点计时器；纸带；刻度尺；交流电源（220 V）；长木板（附滑轮）；小车；天平；细绳；轻质小桶、细砂；导轨实验套装一套（导轨、气泵、光电门、数字计时器、遮光片、滑块、负载垫片若干）。

实验步骤

（1）实验中，小车质量为 m，外力用小桶和砂的重力代替，利用打点计时器或气垫导轨测出加速度 a。

（2）利用图像及控制变量法探究加速度与力和质量的关系。

打点计时器法

（1）按照图1-32所示在水平桌面上组装实验器材，将长木板有滑轮的一侧伸出桌面，把打点计时器固定在木板的另一端。纸带的一端固定在小车尾部，另一端穿过打点计时器的限位孔，连接好电路。

（2）为了平衡摩擦力对小车运动的影响，利用垫块将木板远离滑轮的一侧略微垫高，轻推小车，以小车能匀速滑行为准。

（3）用细绳跨过滑轮连接小车和小桶，将小车移动至打点计时器附近，接通电源，放开小车，使小车在小桶的作用下拉动纸带运动。

（4）重复实验3次，选择点迹较为清晰的纸带进行分析。

（5）利用天平称量小车质量 m_1 和钩码质量 M_1，并将数据连同步骤（4）中得到的加速度 a_1 记录在实验表格1-8中。

（6）改变小桶中细砂的质量拉动小车运动，重复步骤（3）、（4）、（5），将小车质量 m_2 和小桶细砂质量 M_2、小车加速度 a_2 记录在实验表格1-8中。

（7）在小车上放置一个砝码用以增重，用合适质量的细砂桶拉动小车运动，重复步骤（3）、（4）、（5），将增重后的小车质量 m_3 和钩码质量 M_3、小车加速度 a_3 记录在实验表格1-8中。

表1-8 牛顿第二定律实验表格（一）

序号	小车质量 m/g	砂桶质量 M/g	拉力（钩码重力）F/N	加速度 a/ $(\mathrm{m \cdot s^{-2}})$	$\dfrac{F}{a}$/g	ma/N
1						
2						
3						

● 实验结论

（1）在本实验中，利用钩码重力拉动小车由静止开始运动，小车做_____运动。

（2）对比实验表格1-8中的第1、2组数据，可知在小车质量一定的前提下，拉力与小车加速度成_____（正比/反比）。

（3）对比实验表格1-8中的第1、3组数据，可知在拉力一定的前提下，小车质量与其加速度成_____（正比/反比）。

气垫导轨法

（1）按照图1-37所示在水平桌面上组装实验仪器，选择I形遮光片与滑块相连。将气垫导轨有滑轮的一侧伸出桌面，调节两个光电门间距为40~60 cm，连接好电路。

（2）调节气垫导轨水平，以滑块在导轨正中静止时不自发移动为准。

（3）用细绳跨过滑轮连接滑块和一个钩码，将滑块移动至导轨最右侧的光电门以外，将数字计时器调至"Pz"挡，并将内部数据清零。

（4）放开滑块，使其在钩码重力作用下运动，记录遮光片通过两个光电门的时间 t_1、t_2，计算运动过程中滑块的加速度 a_1，并记录在实验表格1-9中。

（5）利用天平称量滑块质量 m_1 和钩码质量 M_1，并记录在实验表格1-9中。

（6）用两枚钩码拉动滑块运动，重复步骤（3）、（4）、（5），将滑块质量 m_2 和钩码质量 M_2、滑块加速度 a_2 记录在实验表格1-9中。

（7）为滑块增加一块垫片，用一个钩码拉动滑块运动，重复步骤（3）、（4）、（5），将增重后的滑块质量 m_3、钩码质量 M_3 和滑块加速度 a_3 记录在实验表格1-9中。

表1-9　牛顿第二定律实验表格（二）

序号	滑块质量 m/g	钩码质量 M/g	拉力（钩码重力）F/N	加速度 a/（m·s^{-2}）
1				
2				
3				

本单元小结

知识结构

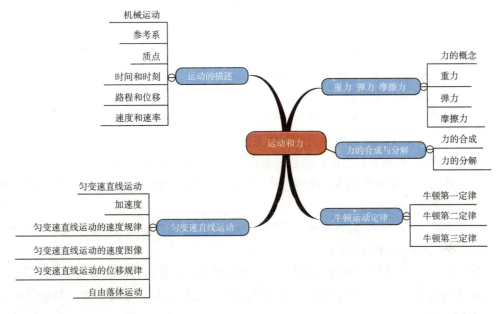

机械运动
参考系
质点
时间和时刻
路程和位移
速度和速率

运动的描述

重力 弹力 摩擦力

力的概念
重力
弹力
摩擦力

运动和力

力的合成与分解

力的合成
力的分解

匀变速直线运动
加速度
匀变速直线运动的速度规律
匀变速直线运动的速度图像
匀变速直线运动的位移规律
自由落体运动

匀变速直线运动

牛顿运动定律

牛顿第一定律
牛顿第二定律
牛顿第三定律

重点知识

1．运动的描述

（1）机械运动：物体的空间位置发生了变化的运动。

（2）质点：一种理想的物理模型。为了简化问题，忽略了物体的大小和形状，只用一个具有物体全部质量的点来表示这个物体。

（3）时刻：指某一瞬间；

时间：指两个时刻之间的间隔。

（4）路程：物体实际运动的路线的长度，是标量；

位移：从物体的初始位置指向物体的末位置的有向线段，是矢量。

（5）速度：用来描述物体位置变化快慢的物理量。速度可分为平均速度和瞬时速度，瞬时速度的大小叫作速率。

2．匀变速直线运动

（1）分类：匀变速直线运动可分为匀加速直线运动和匀减速直线运动。

（2）加速度：用来描述物体速度变化快慢的物理量，单位是 m/s^2，即

$$a = \frac{v_t - v_0}{t}$$

速度公式为

$$v_t = v_0 + at$$

位移公式为

$$s = v_0 t + \frac{1}{2}at^2$$

（3）自由落体运动：物体在没有空气的空间里（真空），只受重力作用，从静止开始下落的运动叫作自由落体运动。

本质：是初速度为零、加速度为 g 的匀加速直线运动。

3．重力　弹力　摩擦力

（1）力有三要素：大小、方向和作用点。人们常用有向线段表示力。

（2）重力：由于地球的吸引而使物体受到的力。

重力的大小：$G=mg$；方向：总是竖直向下；等效作用点：重心。

（3）弹力：发生弹性形变的物体要恢复原状，对跟它接触的物体所产生的力。压力和支持力都属于弹力。

（4）摩擦力：当一个物体在另一个物体的表面上做相对运动或有相对运动趋势时，在接触面上产生阻碍相对运动的力。

静摩擦力：大小随外力的变化而变化，方向跟物体的相对运动趋势的方向相反。

滑动摩擦力：大小跟接触面间的正压力大小成正比，即 $F=\mu F_N$，方向与物体的相对运动方向相反。

4．力的合成与分解

（1）力的合成：求几个力的合力。

（2）力的分解：求某个已知力的分力。

平行四边形定则：力的合成和力的分解都遵循平行四边形定则。

5．牛顿运动定律

（1）牛顿第一定律：一切物体在不受外力作用时总保持静止或匀速直线运动状态；物体的运动状态改变，说明一定有力的作用。

（2）牛顿第二定律：物体的加速度与物体所受的合外力成正比，与物体的质量成反比，即

$$F_合 = ma$$

（3）牛顿第三定律：作用力和反作用力总是大小相等、方向相反，作用在同一直线上，但分别作用在两个物体上。

单元检测题

一、填空题

1-1 某人沿半径为 R 的圆周跑了两圈，他的路程为 _____，位移的大小为 _____。

1-2 某物体以 4 m/s 的速度沿某一方向行驶了 30 m，再以 6 m/s 的速度沿同一方向行驶了 30 m，则在后 30 m 的路程中，该物体的平均速度为 _____m/s；在整个 60 m 的路程中，该物体的平均速度为 _____ m/s。

1-3 一辆汽车由静止开始做匀加速直线运动，在 8 s 的时间内，速度由 0 增加到 32 m/s，则在此过程中，汽车的加速度大小是 _____，这辆汽车以 32 m/s 的速度行驶了 1 min 后，采取紧急刹车，4 s 后停止。则在刹车过程中，汽车的加速度大小是 _____。

1-4 做自由落体运动的物体，初速度等于 _____，经过 5 s 后的速度为 _____，下落的高度为 _____。（ g 取 10m/s^2 ）

1-5 质量为 50 kg 的物体，其重力大小为 _____N，若将其放置在倾角为 30º 的斜面上，它对斜面的压力大小为 _____N。（ g 取 10m/s^2 ）

1-6 用弹簧秤拉一物体，使其在水平地面上运动，匀速运动时弹簧秤的读数为 0.4 N；当加速度为 1 m/s^2 时，弹簧秤的读数是 2.4 N，则物体所受的摩擦力大小是 _____N，物体的质量是 _____kg。

二、选择题

1-7 以下关于质点的说法中正确的是（ ）。

A. 只有质量很小的物体才能看成质点

B. 只有体积很小的物体才能看成质点

C. 地球在任何情况下都不能看成质点

D. 在研究物体运动时，当物体的形状和体积属于无关因素或次要因素时，可以把物体看成质点

1-8 以下有关参考系的说法中正确的是（ ）。

A. 参考系就是假设不动的物体，以它作为标准来研究其他物体的运动

B. 相对于不同的参考系来描述同一物体的运动，其结果一定是相同的

C. 参考系必须是相对地面固定不动的物体

D. 研究正在行驶中车厢内的人的运动，一定要选车厢为参考系

1-9 几个做匀变速直线运动的物体，在相同时间内位移最大的是（ ）。

A. 加速度最大的物体   B. 平均速度最大的物体

C. 初速度最大的物体   D. 末速度最大的物体

1-10 正在空中飞行的子弹所受到的力是（ ）。

A.重力、空气阻力   B.重力、火药爆炸产生的气体推力

C.重力、向前冲的力   D. 以上说法都不正确

1-11 将一本书放在水平桌面上，下列说法正确的是（ ）。

A. 书对桌面的压力就是书的重力

B. 书受到的重力与桌面对它的支持力是一对平衡力

C. 书对桌面的压力使书发生形变

D. 书受到的重力与它对桌面的压力是一对平衡力

1-12 一物体静止在斜面上，若斜面倾角 θ 逐渐减小，则斜面对物体的支持力 N、摩擦力 f 的变化情况是（ ）。

A. N、f 均增大   B. N、f 均减小

C. N 增大、f 减小   D. N、f 均不变

1-13 一个重为 98 N 的物体，放在水平地面上，现在用竖直向上、大小为 196 N 的力去提它，则物体产生的加速度是（ ）。

A. 1 m/s^2，方向向下   B. 2 m/s^2，方向向上

C. 9.8 m/s^2，方向向下   D. 9.8 m/s^2，方向向上

三、计算题

1-14 某飞机起飞前，在跑道上加速滑行，加速度是 4.0 m/s^2，滑行 20 s 后达到起飞速度，问飞机起飞速度为多大？

1-15 火车以 15 m/s 的速度前进，到站前做匀减速直线运动，经过 2 min 停止，求它从开始减速到停止这段时间内的加速度大小和位移大小。

第二单元

机械能

你还记得小时候荡秋千时或者在游乐园里坐过山车时的情景吗？面对时快时慢、时上时下的情景，你曾问过为什么吗？

这涉及了机械能的知识，学习了这一单元，你就能解答小时候心里存在的疑惑了；并且还能解释更多相关的物理现象。那么，我们开始学习机械能的知识吧。

1　功　功率
2　动能　动能定理
3　势能　机械能守恒定律

1 功 功率

人们在认识能量的过程中，建立了功（Work）的概念，功和能是两个密切联系的物理量，**功是能量改变的量度**，即如果物体在力的作用下能量发生了变化，则这个过程中一定有力对物体做了功。手的压力对握力器（见图 2-1）做了功，则弹性势能增加。

图 2-1 握力器

功

在初中物理学习中，我们知道如果一个物体受到力的作用，并且在这个力的方向上移动了一段距离，则这个力就对物体做了功。电梯载人上楼时（见图 2-2），乘客在电梯支持力方向上升了一段距离，支持力对人做了功。可见，做功需要两个不可缺少的条件，即力和物体在力的方向上运动的距离，这个距离实际上就是位移的大小。

在物理学中，如果物体位移与受力方向一致（见图 2-3），**力对物体做的功等于力的大小与位移的大小的乘积**。现用 F 表示力的大小，用 l 表示位移的大小，用 W 表示力 F 所做的功，则有

图 2-2 电梯载人

$$W = Fl$$

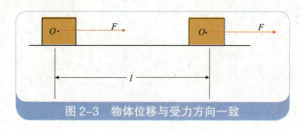

图 2-3 物体位移与受力方向一致

当力 F 的方向与物体位移的方向成某一角度 α（见图 2-4）时，可以把力 F 分解为与物体位移 l 的方向平行的分力 F_1 和与位移 l 的方向垂直的分力 F_2。则分力 F_1 所做的

功为 F_1l，分力 F_2 所做的功为 0。因此，力 F 对物体所做的功等于 F_1l，而 $F_1 = F\cos\alpha$，则有

$$W = Fl\cos\alpha$$

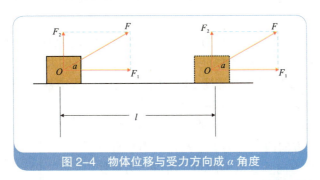

图 2-4　物体位移与受力方向成 α 角度

综上可知，**力对物体所做的功，等于力的大小、位移的大小、力与位移夹角的余弦这三者的乘积。**

在国际单位制中，功的单位与能量的单位一样都是焦耳（joule），简称焦，单位符号是 J。**1 J 等于 1 N 的力使物体在力的方向上发生 1 m 的位移所做的功，即：1 J ＝ 1 N · 1 m ＝ 1 N · m。**

★ 小提示：

当力和位移方向不一致时，根据等效思想，既可将力向位移方向上分解，也可将位移向力的方向上分解。

 ## 正功　负功

如图 2-5 所示，物体沿水平面滑行，当所受力 F 的方向与位移 1 垂直时，$\alpha = 90°$、$\cos\alpha = 0$、$W = 0$，表示力 F 对物体不做功。

当 $0° \leqslant \alpha < 90°$、$\cos\alpha > 0$、$W > 0$ 时，表示力 F 对物体做正功。

当 $90° < \alpha \leqslant 180°$、$\cos\alpha < 0$、$W < 0$ 时，表示力 F 对物体做负功。

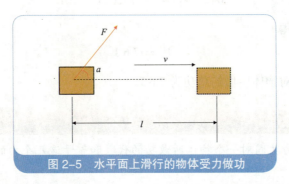

图 2-5　水平面上滑行的物体受力做功

正功表示力对物体起动力作用，负功表示力对物体起阻力作用，在比较两个力做功大小时要用绝对值进行比较。

功与能量一样，也是标量，功的运算应采用代数求和的方法。

相互垂直的两个力 F_1、F_2 作用在同一个物体上，其中，力 F_1 做功 $W_1 = 3\ J$，另一力 F_2 做功 $W_2 = -4\ J$，则哪个力做功多？两个力做的总功为多少？

例题 1：如图 2–6 所示，质量为 2 kg 的物体静止在水平地面上，受到大小为 10 N 的拉力 F 的作用，力的方向与水平面的夹角为 37°，物体位移的大小为 2 m，物体与水平地面的滑动摩擦系数为 0.3。重力加速度 g 取 10 m/s²。求该过程中各力对物体所做的总功。

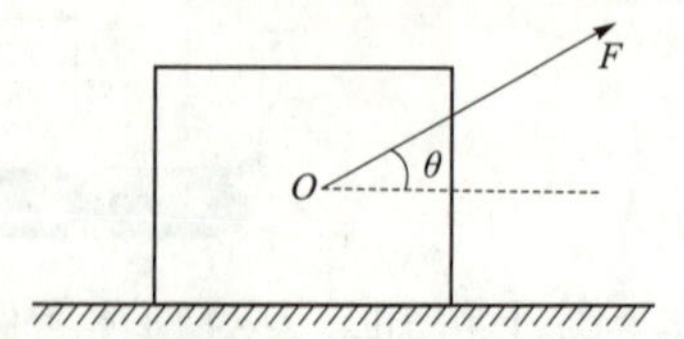

分析：物体的受力分析如图 2–7 所示，其中，重力 G 和支持力 F_N 沿竖直方向，不做功；拉力可分解为水平方向和竖直方向两个分力 F_x、F_y，其中竖直方向的分力 F_y 与位移方向垂直也不做功。所以，力对物体所做的总功为 F_x 和摩擦阻力 F_f 所做的功的代数和。

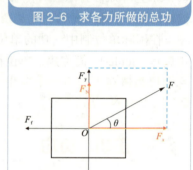
图 2–6　求各力所做的总功

解：如图 2–7 所示受力分析，拉力在水平方向的分力 $F_x = F\cos 37°$，它对物体做的功为

$$W_1 = F_x l = Fl\cos 37°$$

物体所受支持力为

$$F_N = G - F\sin 37°$$

物体所受摩擦阻力为

$$F_f = \mu F_N = \mu (G - F\sin 37°)$$

摩擦阻力对物体所做的功为

$$W_2 = F_f l\cos 180° = -F_f l$$

力对物体所做的总功为二者的代数和，即

$$W = W_1 + W_2 = Fl\cos 37° - F_f l$$

把数值代入，得

$$W = 7.6\ J$$

所以，各个力对物体所做的总功为 7.6 J。

图 2–7　物体的受力分析

证明：几个力共同对一个物体所做功的代数和等于这几个力的合力对这个物体所做的功。

 功率

如果两个力做功相同，但所用的时间不同，则这两个力做功的快慢是不同的。比如，有甲、乙两台起重机，均将 1 000 kg 的货物匀速提起 5 m 的高度，其中甲起重机所用的时间为 60 s，乙起重机所用的时间为 30 s，说明乙起重机做功快，甲起重机做功慢。

在物理学中，做功快慢用功率（Power）表示。力所做的功 W 与完成这些功所用的时间 t 的比值称为功率。用 P 表示功率，则有

$$P = \frac{W}{t}$$

在国际单位制中，功率的单位是瓦特（Watt），简称瓦，单位符号是 W。由功率定义式可知：1 W = 1 J/s。因瓦是个较小的单位，所以，技术上还常用千瓦（kW）作为功率的单位，换算关系是：1 kW = 1 000 W。

物理学中，在正常条件下，可以长时间工作的最大功率称为额定功率。一些电动机、内燃机等动力机械铭牌上标明的就是额定功率，但也有一些动力机械的技术参数只给出最大功率。实际输出的功率一般以不超过额定功率为宜，实际功率大于额定功率时对机械的动力部分会有损伤，所以这种情况应尽量避免。

如果在时间 t 内，力 F 所做的功为 $W = Fl\cos\alpha$，则力 F 的平均功率为

$$P = \frac{W}{t} = \frac{Fl\cos\alpha}{t} = F\bar{v}\cos\alpha$$

当时间 t 极短时，平均速度 $\bar{v}$ 即为瞬时速度 v，则力 F 的瞬时功率为

$$P = Fv\cos\alpha$$

若汽车、火车等机车的牵引力 F 与瞬时速度 v 同向，则瞬时功率可表示为 $P = Fv$。

可见，一个力对物体做功的瞬时功率等于这个力与物体在力的方向上运动速度的乘积。

如图 2-8 所示为汽车手动挡变速杆，在不同的行驶速度下，通过调节变速杆的挡位可以改变发动机的牵引力。

当汽车在平地行驶时，由于阻力相对较小，发动机不需要很大的输出功率就能在高挡位下匀速行驶。当汽车从平地转为上坡时，如果要保持原来的速度，则必须加大油门、增加汽车发动机的输出功率；如果坡路过陡，如图 2-9 所示，在高挡位下，即使全部踩下油门，也不能获得足够的牵引力，使汽车保持原有的速率行驶，此时需要将挡位调低以获得更大的牵引力，与之对应，汽车的行驶速度将减小。

图 2-8　汽车手动挡变速杆

图 2-9　汽车爬坡时增加输出功率

假设一辆汽车在平直公路上行驶时所受到的阻力大小恒定为f，当汽车以最大速度v_m匀速行驶时，有

$$F_牵=f$$

此时汽车发动机的输出功率为$P_额$，有

$$P_额=F_牵v_m=fv_m$$

所以，一辆发动机额定输出功率为$P_额$的汽车，其所能达到的最大行驶速度为

$$v_m=\frac{P_额}{f}$$

例题2： 一辆质量是2 000 kg、发动机额定功率为80 kW的汽车，在平直公路上行驶时的阻力大小恒定为2 500 N，求汽车能达到的最大行驶速度是多少。在同样的阻力下，如果行驶速度只有54 km/h，则发动机的实际输出功率是多少？

分析： 汽车在匀速行驶时处于平衡状态，牵引力大小等于阻力大小。

解： 由题意知，当汽车以最大速度匀速行驶时

$$F_牵=f=2\,500\text{ N}$$

由

$$P_额=F_牵v_m=fv_m$$

得

$$v_m=\frac{P_额}{f}=\frac{80\,000}{2\,500}\text{ m/s}=32\text{ m/s}$$

当汽车以速度$v_1=54$ km/h $=15$ m/s匀速行驶时，牵引力不变，依然等于阻力大小，即

$$P_实际=F_牵v_1=fv_1$$

得

$$P_实际=2\,500×15\text{ W}=37\,500\text{ W}=37.5\text{ kW}$$

所以，发动机的实际输出功率是37.5 kW。

•动手做

"引体向上"是体育课上常见的一个运动项目。做一次"引体向上"，你的整个身体升高约一个手臂的高度，用时大约2 s，假设你的体重是500 N，估测这个过程中你克服重力所做的功及其平均功率是多少。

·练一练

（1）用起重机（见图2-10）把重力大小为 1.0×10^4 N 的物体匀速地提高了 5 m，钢绳的拉力做了多少功？重力做了多少功？这些力的总功是多少？

（2）一位质量为 60 kg 的滑雪运动员从 10 m 高的斜坡自由下滑。如果运动员在下滑的过程中所受的阻力为 50 N，斜坡的倾角为 30°，则运动员在从坡顶滑至坡底的过程中，所受的力各做了多少功？这些力的总功是多少？（g 取 10m/s^2）

（3）一台电动机工作时的功率是 10 kW，要用它匀速提升 2.5×10^4 kg 的货物，提升的速度将是多大？（g 取 10m/s^2）

（4）一台抽水机的输出功率是 3 kW，如果保持这一输出功率，半小时内抽水机对外做了多少功？

（5）能源短缺和环境恶化已经成为关系到人类社会能否持续发展的大问题。为缓解能源紧张压力、减少环境污染，汽车制造商纷纷推出新能源纯电动汽车。某公司研制开发的某型号纯电动小汽车发动机的额定输出功率为 24 kW，假如该汽车在水平路面上行驶时受到的阻力恒为 800 N，求：该汽车在额定输出功率下所能达到的最大速度（提示：汽车匀速行驶时，牵引力大小等于阻力大小）。

图 2-10　起重机提起货物

2 动能　动能定理

在初中物理的学习中，物体由于运动而具有的能称为动能。已经知道物体运动快时动能大，运动慢时动能小，那么物体的动能与哪些因素有关呢？

动能

静止在光滑的水平面上、质量为 m 的物体仅受一水平恒力 F 作用，在水平面上发生的位移为 l，速度增大为 v（见图2-11）。

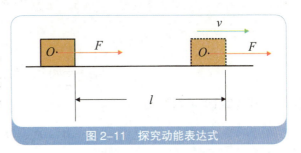

图 2-11　探究动能表达式

在此过程中，恒力 F 所做的功为

$$W = Fl$$

根据牛顿第二定律有

$$F = ma$$

根据运动学公式有

$$v^2 = 2al$$

上述各式联立可得

$$W = \frac{1}{2}mv^2$$

由于功是能量转化的量度，物理学中把质量为 m 的物体，以速度 v 运动时的动能定义为

$$E_k = \frac{1}{2}mv^2$$

动能也是标量，它的单位与功的单位相同，在国际单位中都为焦耳。

 ## 动能定理

如图 2-12 所示，质量为 m 的物体初速度为 v_1，仅受一水平恒力 F 作用，在水平面上发生位移为 l，速度增加到 v_2。

此过程恒力 F 所做的功有

$$W = Fl$$

根据牛顿第二定律有

$$F = ma$$

根据运动学公式有

$$v_2^2 - v_1^2 = 2al$$

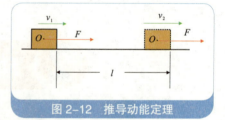

图 2-12 推导动能定理

上述各式联立可得

$$W = \frac{1}{2}mv_2^2 - \frac{1}{2}mv_1^2 \tag{2-1}$$

令

$$E_{k2} = \frac{1}{2}mv_2^2, \quad E_{k1} = \frac{1}{2}mv_1^2$$

式（2-1）可以写成

$$W = E_{k2} - E_{k1}$$

在实际生产生活中，物体所受的力往往不止一个，这时 W 应为各个力所做的总功。

动能定理：外力在一个过程中对物体做的总功，等于物体在这个过程中动能的变化量。

动能定理的表达式虽然是在物体受到恒力作用，并在做直线运动时推导得到的。但当物体在受到变力作用，或物体做曲线运动时，动能定理的表达式仍然成立。

动能定理比牛顿运动定律有解题优势，因为它既可以解决恒力、直线运动情景的物理问题，又能解决变力、曲线运动情景的物理问题。

例题 3： 为了安全，在公路上行驶的汽车应保持必要的距离（见图 2-13）。已知某辆总质量为 2 000 kg 的汽车的行驶速度为 72 km/h，假设前方有车辆突然停止，后车司机从发现情况到采取措施进行制动的时间内，汽车已前进了 10 m。如果制动时汽车受到的阻力为 10^4 N，则该车与前车的距离至少应为多大？

分析： 从司机发现前方车辆突然停止到进行制动操作这段反应时间里，汽车仍然做匀速运动，之后制动刹车，汽车才做减速运动。

图 2-13　公路上行驶的汽车

解： 由题意知，司机反应时间里汽车运行的位移 $x_1 = 10$ m。

制动时，汽车的动能减小直至为零。根据动能定理得

$$-fx_2 = 0 - \frac{1}{2}mv^2$$

代入数值，得

$$x_2 = 40 \, \text{m}$$

汽车总位移为

$$x = x_1 + x_2 = 50 \, \text{m}$$

所以，为保证安全，该车与前车之间的距离至少是 50 m。

例题 4： 质量为 $m = 50$ kg 的滑雪运动员，以初速度 $v_0 = 4$ m/s 从高度为 $h = 10$ m 的弯曲滑道顶端 A 滑下，到达滑道底端 B 时的速度 $v_t = 10$ m/s。在该过程中，重力做功为 5 000 J，滑道对运动员的支持力不做功。求此过程中滑道阻力对运动员做的功。

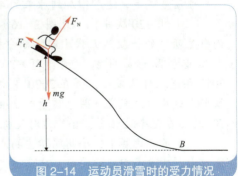

分析： 如图 2-14 所示，滑雪运动员受到重力、阻力和支持力的作用，其中支持力对运动员不做功，总功为重力和阻力做功的代数和。

图 2-14　运动员滑雪时的受力情况

解：滑雪运动员在这段滑行过程中，设阻力做的功为 W_f，根据动能定理

$$W_G + W_f = \frac{1}{2}mv_t^2 - \frac{1}{2}mv_0^2$$

代入数值，得

$$W_f = -2\,900\ \text{J}。$$

阻力对滑雪运动员做功为 $-2\,900$ J，还可以说成滑雪运动员在此过程中克服阻力做了 $2\,900$ J 的功。

● 物理与生活

滑滑梯（见图 2-15）是小孩子非常喜欢的游乐项目。小孩在滑梯上滑行时，有重力做正功和阻力做负功。因为滑梯的滑道是由特殊材料并经专门设计而制成的，因此刚开始时，重力做正功的数值比阻力做负功的数值大，总功大于零，动能增加，越滑越快；后来重力做功的数值比阻力做负功的数值小，总功小于零，动能减小，慢慢减速。使得小孩在滑行过程中先加速后减速，滑行过程既刺激又安全。

图 2-15　滑梯

● 练一练

（1）质量为 0.004 kg 的步枪子弹，以 500 m/s 的速度在空中飞行，试求此时子弹的动能。

（2）改变汽车的质量和速度，都可以使汽车的动能发生改变。下列几种情况下动能各是原来的几倍？

①质量不变，速度增加到原来的 2 倍；

②速度不变，质量增加到原来的 3 倍；

③速度减半，质量增加到原来的 4 倍；

④质量减半，速度增加到原来的 4 倍。

（3）歼 -20 战斗机（见图 2-16）是中国自主研制的一款第五代（国际划分标准）双发重型隐形战斗机。预计歼 -20 将于 2017 年进入部队服役，并在 2020 年左右逐

图 2-16　歼 -20 战斗机

步形成战斗力。假设一架总质量为 20 t 的歼 -20 由静止经 400 m 的距离后速度达到 70 m/s，在这个过程中，合外力对飞机做了多少功？合外力的平均值是多少？

（4）足球比赛中，小明同学主罚点球，将质量为 0.5 kg 的足球，以 30 m/s 的速度踢出，试求小明踢球时对足球所做的功。

3 势能 机械能守恒定律

在初中物理学习中已经知道，物体由于被举高而具有的能称为重力势能，弹簧由于被拉伸（或压缩）而具有的能称为弹性势能，物体由于运动而具有的能称为动能。本节课我们来学习在动能和势能相互转化过程中的规律。

 ## 重力势能

当物体高度发生变化时，重力要做功。理论与实验表明，当物体运动时，重力对物体所做的功只跟它的起点和终点的位置有关，而跟物体的运动的路径无关（见图 2-17）。

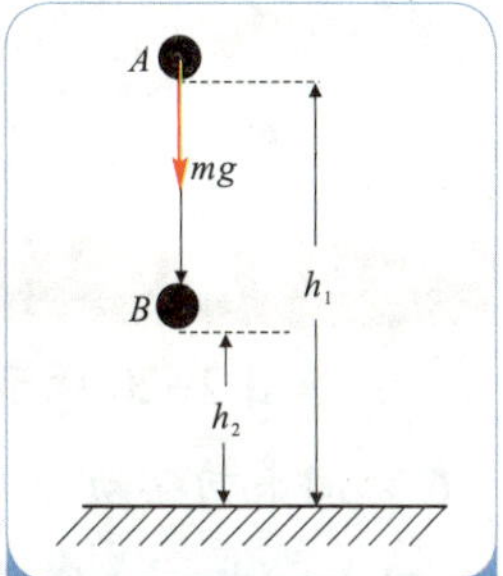

当物体高度升高时，重力做负功，即

$$W_G = -mg\Delta h$$

当物体高度降低时，重力做正功，即

$$W_G = mg\Delta h$$

式中，Δh 表示物体始末位置的高度差。

重力能够做功，表明物体具有重力势能。物理学中，把物理量 mgh 称为**物体的重力势能**（Gravitational Potential Energy），常用符号 E_P 表示，即

$$E_P = mgh$$

与其他的能量一样，重力势能也是标量，其单位与功的单位相同，在国际单位中都是焦耳，单位符号是 J。

物体的高度 h 总是相对某一水平面而言的，实际上把这个水平面的高度认为 0，这个水平面就称为参考平面。在参考平面，物体的重力势能为 0。取不同的平面为参考平面时，物体相对参考平面的高度不同，重力势能的数值也不同。因此，重力势能具有相对性。

理论与实验表明，在重力做功的过程中，物体的重力势能在随之发生变化。重力做正功，重力势能减少，减少的重力势能等于重力做的功；重力做负功，重力势能增加，增加

图 2-17 重力势能

★ **小提示：**

重力是由于地球的吸引而使物体受到的力。没有地球就没有重力，也就谈不上重力势能。因此，重力势能是地球与物体组成的系统所共有的，而不是物体单独具有的。只不过习惯上说成"物体的重力势能"。

的重力势能等于物体克服重力做的功。

弹性势能

机械钟内的发条（见图 2-18）卷紧后会积蓄一种能量，在发条放松的过程中，它会释放出这种能量，从而带动齿轮和指针转动，对外做功。撑杆跳运动员（见图 2-19）手中弯曲的杆储存的能量也能对外做功，这种能称为弹性势能。

图 2-18 机械钟内的发条

图 2-19 撑杆跳

动能与势能的相互转化

● 动手做

如图 2-20 所示，一个用细线悬挂的小球在 A、B、C 之间来回摆动。

（1）在从 A 位置到 B 位置的过程中，重力做正功，重力势能减小，动能增加；

（2）在从 B 位置到 C 位置的过程中，重力做负功，重力势能增加，动能减小；

（3）在从 C 位置到 B 位置的过程中，重力做正功，重力势能减小，动能增加；

（4）在从 B 位置到 A 位置的过程中，重力做负功，重力势能增加，动能减小。

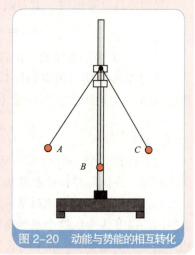

图 2-20 动能与势能的相互转化

从上述实验可知，动能与重力势能可以相互转化。不仅重力势能可以与动能相互转化，弹性势能也能和动能相互转化。重力势能、弹性势能与动能之间具有密切联系，物理学上把它们统称为机械能（Mechanical Energy）。通过重力或弹力做功，机械能可以从一种形式转化为另一种形式。

机械能守恒定律

在只有重力做功或弹力做功的情况下，只有势能和动能发生相互转化，转化过程中满足以下规律。

机械能守恒定律：在只有重力或弹力做功的物体系统内，动能与势能可以相互转化，而总的机械能保持不变。

可用数学表达式表示为

$$E_{k2} + E_{p2} = E_{k1} + E_{p1}$$

或

$$E_{p1} - E_{p2} = E_{k2} - E_{k1}$$

机械能守恒定律是力学中的一个重要的定律，是普遍适用的能量守恒定律在只有重力或弹力做功时的一种特殊情况。

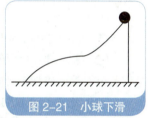

图 2-21　小球下滑

例题 5： 一个质量为 1 kg 的小球，从高度为 5 m 的光滑固定曲面上由静止滑下，如图 2-21 所示。求小球滑到曲面底端时的速度大小（$g = 10 \text{ m/s}^2$）。

分析： 以小球为研究对象，设地面为参考平面。小球在下滑过程中，受到重力和曲面的支持力。曲面的支持力和小球的速度方向时刻垂直，所以不做功。小球在下滑过程中只有重力做功，因此机械能守恒。

解： 以小球为研究对象，设地面为参考平面。因为只有重力做功，所以小球机械能守恒。

根据机械能守恒定律有

$$E_{k2} + E_{p2} = E_{k1} + E_{p1}$$

即有

$$0 + mgh = \frac{1}{2}mv^2 + 0$$

解得

$$v = \sqrt{2gh} = 10 \text{ m/s}$$

所以，小球滑到底端时的速度大小为 10 m/s。

例题 6： 一位跳水运动员站在 10 m 的高台上做跳水比赛。已知该运动员跳离跳台时的速度大小为 5 m/s，忽略运动员的身高影响和空气阻力，重力加速度取 $g = 10 \text{ m/s}^2$。求该运动员落至水面时速度的大小。

分析： 以运动员为研究对象，取水面为参考平面。运动员跳离跳台后，只有重力做功，因此机械能守恒，即原来机械能和后来机械能相等。

解：以运动员为研究对象，设水面为参考平面。因为只有重力做功，所以机械能守恒。根据机械能守恒定律有

$$mgh + \frac{1}{2}mv_0^2 = \frac{1}{2}mv^2$$

解得

$$v = \sqrt{v_0^2 + 2gh}$$

代入数值，得

$$v = 15 \text{ m/s}$$

所以，该运动员落至水面时速度的大小为 15 m/s。

练一练

（1）一个质量为 1 kg 的物体从离地面 20 m 高处自由下落，设地面为参考平面。求下落 10 m、20 m 时物体的重力势能、动能和机械能。（g 取 10 m/s²）

（2）把一个质量为 m 的小球用细线悬挂起来，就能成为一个单摆（见图 2-22），摆长为 l，最大的摆角为 θ。如果阻力可以忽略，求小球运动到最低点时的动能是多大？

（3）把质量为 0.5 kg 的石块从 10 m 高处以 30° 角斜向上方抛出（见图 2-23），初速度是 5 m/s，不计空气阻力。求石块落地时的速度有多大？（g 取 10 m/s²）

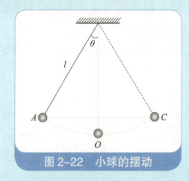

图 2-22 小球的摆动

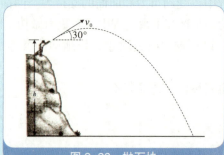

图 2-23 抛石块

（4）有一种地铁轨道，车站的路轨建得高些，车辆进站时要上坡，将列车的动能转化为重力势能；列车出站时要下坡，再将列车的重力势能转化为动能，这样有利于减少能量损耗，节约能源。如图 2-24 所示，设坡高为 2 m，进站车辆到达坡下的 A 点时，速度为 7 m/s，此时切断机车电源，若轨道的摩擦阻力忽略不计，车辆能否冲到坡上？如果能，则到达坡上的速度有多大？（g 取 10 m/s²）

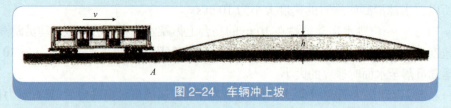

图 2-24 车辆冲上坡

本单元小结

知识结构

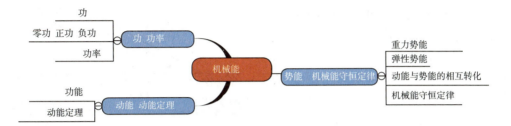

重点知识

1. 功

（1）定义：恒力对物体所做的功等于力的大小、位移的大小、力与位移夹角的余弦这三者的乘积，即 $W = Fl\cos\alpha$。

（2）正功、负功和零功。

2. 功率

（1）定义：力所做的功 W 与所用时间 t 的比值，即 $P = \dfrac{W}{t}$。

（2）力、速度与功率的关系：$P = Fv$（F 与 v 同向）。

3. 动能和动能定理

（1）动能定义式：$E_k = \dfrac{1}{2}mv^2$。

（2）动能定理：外力在一个过程中对物体做的总功等于物体在这个过程中动能的变化，即 $W = E_{k2} - E_{k1}$。

4. 重力势能

（1）重力做功的特点：当物体运动时，重力对它所做的功只跟它的起点和终点的位置有关，而跟物体的运动路径无关。

（2）定义式：$E_p = mgh$。

（3）重力做功与重力势能变化的关系：$W_G = E_{p1} - E_{p2}$。

5. 机械能守恒定律

（1）条件：在只有重力或弹力做功的物体系内，动能与势能可以转化，而总的机械能保持不变。

（2）表达式：$E_{k1} + E_{p1} = E_{k2} + E_{p2}$ 或 $E_{p1} - E_{p2} = E_{k2} - E_{k1}$。

单元检测题

一、填空题

2-1 如图 2-25 所示，重力为 G 的物体沿倾角为 α 的粗糙斜面匀速下滑，其位移为 s，则在这个过程中，支持力对物体做功为_____，摩擦力做功为_____，重力做功为_____，合力做功为_____。

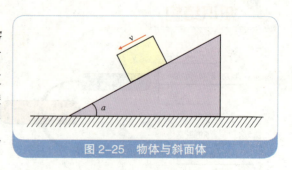

图 2-25 物体与斜面体

2-2 某同学身高 1.80 m，在运动会上他参加跳高比赛，起跳后身体重心上升 1.0 m，越过横杆．据此可估算出他起跳时竖直向上的速度至少为_____（g 取 10 m/s^2）。

2-3 某人用手将质量为 1 kg 的物体由静止向上提起 1 m，这时物体的速度为 2 m/s，则手对物体做功为_____；合外力对物体做功为_____（g 取 10 m/s^2）。

二、选择题

2-4 飞机在飞行时受到的空气阻力与速率的平方成正比，若飞机以速率 v 匀速飞行，发动机的功率为 P，则当飞机以速率 $2v$ 匀速飞行时，发动机的功率为（   ）。

A. P B. $2P$ C. $4P$ D. $8P$

2-5 从地面以仰角 θ 斜向上抛出一个质量为 m 的物体，初速度为 v_0，不计空气阻力，取地面为零势能面，当物体的重力势能和动能相等时，物体离地面的高度为（   ）。

A. $v_0^2/4g$ B. $v_0^2/2g$ C. $3v_0^2/4g$ D. v_0^2/g

2-6 人骑自行车下坡，坡长为 500 m，坡高为 8 m，人和车总质量为 100 kg，下坡时初速度为 4 m/s，在人不踏车的情况下，到达坡底时车速为 10 m/s，重力加速度 g 取 10 m/s^2，则下坡过程中阻力所做的功为（   ）。

A. –4 000 J   B. –3 800 J

C. –5 000 J   D. –4 200 J

三、计算题

2-7 如图 2-26 所示，光滑曲面轨道置于高度为 3.75 m 的平台上，其末端切线水平。从距平台竖直高度为 1.25 m 的光滑曲面上，一个可视作质点的质量为 1 kg 的小球由静止开始下滑，不计空气阻力，求小球落地时的速度大小（g 取 10 m/s^2）。

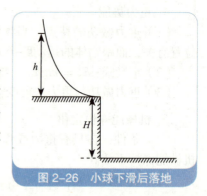

图 2-26 小球下滑后落地

第三单元

热现象及应用

　　蒸汽机的发明和应用标志着人类进入蒸汽时代。从蒸汽机、内燃机到喷气发动机，各种热机的使用和发展都深刻地影响着人类社会文明的进程，为提高社会生产力做出了巨大贡献。伴随着热机的不断发展，人们对热现象的认识也越来越深刻，在这一单元中，我们将一起来探索热现象的奇妙世界。

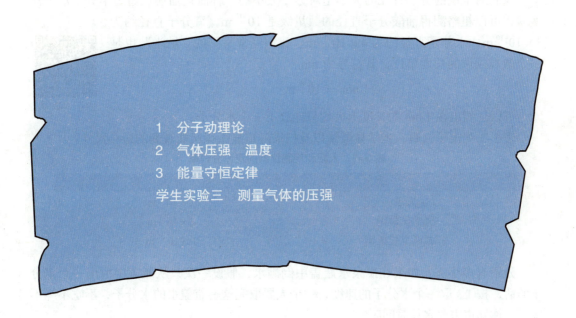

1　分子动理论

2　气体压强　温度

3　能量守恒定律

学生实验三　测量气体的压强

1 分子动理论

物质是否可以无限分割下去呢？自古以来，人们都在不断地探索这个问题。当今科学技术迅速发展，人们逐渐揭开了物体组成的神秘面纱。通过实验，人们发现了分子、原子的存在，还发现了许多构成物质的更小粒子——中子、质子等。在不同层次的微观粒子中，人们发现，分子是物质中能够独立存在的、相对稳定的、能保持该物质物理、化学特性稳定的最小单元。

一切物体都是由大量分子组成的；分子永不停息地做无规则运动；分子间存在相互作用的引力和斥力。这是分子动理论的基本观点。

本节课，让我们一起探索微观世界。

 ## 物体由大量分子组成

我们通常说的分子直径的大小是对分子大小的一种简化描述。通过单分子油膜法实验，可以粗略测得油酸分子直径的数量级是 10^{-10} m。氧分子直径约为 3×10^{-10} m，水分子直径约为 4×10^{-10} m。我们经常听到的"纳米"也是一个微观领域的长度单位，其符号为 nm。

$$1 \text{ nm} = 10^{-9} \text{ m}$$

单分子油膜实验

可以估测出在 1 nm 的长度上大约只能放下 3 个水分子。

表 3-1 列出了人眼、光学显微镜以及扫描隧道显微镜所能观测的最小尺寸。

表 3-1　人眼和观测仪器的观测分辨率

观测体	观测分辨率
人眼	1×10^{-4} m
光学显微镜	2×10^{-7} m
扫描隧道显微镜	1×10^{-11} m

分子有多小呢？如果在矿泉水瓶盖中倒满水，假设一次只从瓶盖中取出一个水分子的话，按 1 s 取一个水分子的速度，一个人要取完这一瓶盖水的水分子，不吃不喝不睡觉，你知道需要多长时间吗？

大约需要 30 000 000 亿年！

分子不但体积很小，质量也很小。例如，一个氧气分子的质量大约是 5.3×10^{-26} kg。

1 个氢分子与 1 粒花生的质量之比，约等于 1 粒花生与地球的质量之比。正因为单个分子的体积和质量都非常小，所以，我们平常看到的物体，即便非常微小，也是由大量的分子组成的。

分子永不停息地做无规则运动

初中的物理知识告诉我们，一切物体的分子都在做无规则运动，扩散现象和布朗运动就是分子在做无规则运动的两个典型证据。

扩散现象

向一杯水中滴入一滴染料，如图 3-1 所示，会看到染料在水中逐渐扩散开来，这就是液体的扩散现象。

扩散现象不仅会在液体中发生，在气体和固体中也存在扩散现象。在无风的密闭房间内，打开一瓶香水的瓶盖，一会儿香味就会飘散到整个房间，这就是气体分子的扩散现象。

曾经有人将磨得很光滑的铅块和金块紧压在一起，在室温下过了 5 年后，将它们切开，发现它们互相渗入约 1 mm 深，这就是固体分子的分子的扩散现象。

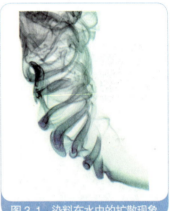

图 3-1　染料在水中的扩散现象

● 动手做

扩散的快慢和什么因素有关呢？把两滴红墨水分别同时滴到凉水和热水中，如图 3-2 所示。观察现象并思考原因。

凉水　　热水

图 3-2　温度对扩散快慢的影响

实验表明温度越高，扩散速度越快，分子的无规则运动就越剧烈。因为物体内大量分子的无规则运动和温度有关，所以我们把大量分子的无规则运动称为**热运动**（Thermal Motion）。

英国植物学家布朗利用显微镜研究植物的花粉时，发现悬浮在水中的花粉微粒在不停地做无规则运动，如图 3-3 所示。当时布朗以为是因为花粉有生命而造成了这一现象。但是，通过多次实验后发现，不管什么微粒，只要足够小，就会出现这种无规则运动，而且当微粒越小，液体温度越高时，这种无规则的运动就越明显。后人为了纪念布朗的卓越贡献，把悬浮微粒的这种无规则运动叫作布朗运动。

布朗运动

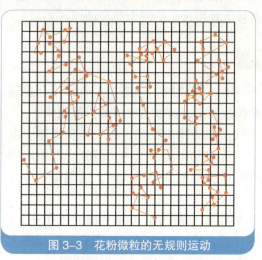

图 3-3　花粉微粒的无规则运动

布朗运动是怎样形成的呢？原来，液体本身由大量分子组成，这些分子在永不停息地做无规则运动，就会不断地撞击悬浮于液体中的固体微粒，如图 3-4 所示。由于各个方向的液体分子撞击作用不平衡，导致微粒的无规则运动，因此布朗运动的无规则性能够间接反映液体分子运动的无规则性。

扩散现象和布朗运动等大量事实表明，一切物质的分子都在不停地做无规则的热运动。

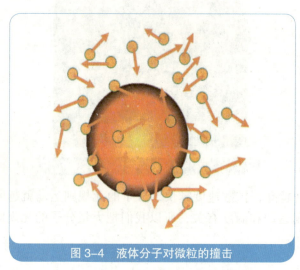

图 3-4　液体分子对微粒的撞击

分子间的相互作用力

●动手做

在玻璃试管中先倒入小半试管的水，再倒入小半试管的酒精。这时先记录在试管中的水和酒精的总体积，然后盖上盖子，摇晃试管，使水和酒精充分融合，静置试管，观察试管中水和酒精的总体积，如图 3-5 所示，你发现了什么？

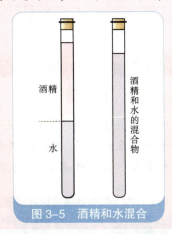

酒精

水

酒精和水的混合物

图 3-5　酒精和水混合

这个实验说明分子间是有间隙的。分子间既然有间隙，那么为什么大量的分子能够聚集在一起形成固体或液体呢？这说明分子间存在着引力的作用。一根木棒很难被拉长，这是分子间存在引力的缘故。当我们把两块表面光滑、干净的铅块压紧，两块铅就会吸在一起，即使在下方吊上重物，也不能使两铅块分离，如图 3-6 所示。这个实验证明了物体分子之间存在着引力。

如果分子之间只有引力，所有的分子将会聚集在一起。常见的固体和液体一般体积不易变化，这说明分子间还存在斥力的作用，正是这种斥力的作用才使分子不会都聚集起来。上面提到的木棒很难被压缩，这就是物体内部分子间存在斥力的宏观表现。

研究表明，分子间既存在着引力，也存在着斥力，这两种力本质上都属于电磁力，并且只有在分子间距离很小时，这两种力才会表现出来。

相邻分子间存在一个平衡距离 r_0（数量级是 10^{-10} m，相当于一个分子的直径），当分子间的距离 r 等于 r_0 时，分子合力为零；当分子间的距离 r 小于 r_0 时，分子合力表现为斥力；当分子间的距离 r 大于 r_0 时，分子合力表现为引力。我们可以把分子间的合力类比成弹簧的弹力来理解。如图 3-7 所示，图 3-7（a）中弹簧处于压缩状态，表现出斥力；图 3-7（b）中弹簧处于拉伸状态，表现出引力。当两个分子距离较远时，

图 3-6　铅块相互吸引

分子间的相互作用就消失了，所以气体分子间的相互作用力通常忽略不计。

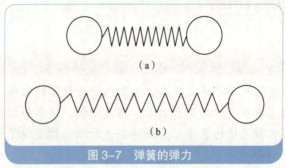

图 3-7 弹簧的弹力
(a) 弹簧处于压缩状态；(b) 弹簧处于拉伸状态

• 物理与生活

嗅　觉

　　嗅觉是一种由感官感受的知觉。它由两种感觉系统参与，即嗅神经系统和鼻三叉神经系统。嗅觉和味觉会整合和互相作用。嗅觉是外激素通信实现的前提。人类嗅觉的敏感性和分辨能力都相当高，表 3-2 是 10 种物质的嗅觉绝对阈限值。

表 3-2　10 种物质的嗅觉绝对阈限值

物质（空气）/（mg·L⁻¹）		物质（空气）/（mg·L⁻¹）	
乙醚	5.83	水杨酸甲酯	0.100
四氯化碳	4.53	戊酸	0.029
氯仿	3.30	丁酸	0.009
乙酸乙酯	0.69	丙硫醇	0.006
乙硫醇	0.046	人造麝香	0.000 04

　　长期以来，嗅觉一直是我们所有的感觉中最为神秘的。我们一直想知道识别和记忆约 1 万种不同的气味的基本原理。不过，2004 年诺贝尔生理学和医学奖得主——美国的理查德·阿克塞尔（Richard Axel）和琳达·巴克（Linda Buck）已经解决了该难题，他们一系列的开创性研究阐明了我们的嗅觉系统是如何工作的。两位获奖者在 1991 年合作发表了基础性的论文，宣布他们发现了含约 1 000 个不同基因的气味受体基因大家族（占我们基因总数的 3%），这些基因构成了相同数量的嗅觉受体类型，而这些受体位于嗅觉受体细胞内。每一种嗅觉受体细胞只拥有一种类型的气味受体，每一种受体能探测到有限数量的气味物质。因此，嗅觉受体对某几种气味是具有高度特异性的。尽管气味受体只有约 1 000 种，但它们可以产生大量组合，从而形成大量的气味识别模式，这也是人类和动物能够辨别和记忆不同气味的基础。当嗅觉系统工作时，当嗅觉受体细胞会发出神经纤维信息到嗅小球，那里有 2 000 多个确定的微区嗅小球，嗅小球的数量是嗅觉受体细胞类型数量的两倍之多。嗅小球是很"专业化"的，携带同种受

体的受体细胞聚集神经纤维进入相同的嗅小球，即来自具有相同受体的细胞的信息会聚到同一嗅小球。随后，嗅小球激活僧帽细胞的神经细胞。每种僧帽细胞只能由一个嗅小球激活，信息流的"特异性"也就因而保留。僧帽细胞再将信号传输到大脑的其他地方。最后，来自多种气味受体的信息整合成每种气味所具有的"特征性的模式"，使我们可以自由地感受到识别的气味。

• 练一练

（1）下列关于布朗运动的说法，正确的是（　　）。

A. 布朗运动是液体分子的无规则运动

B. 液体温度越高，悬浮粒子越小，布朗运动越剧烈

C. 布朗运动是由于液体各部分的温度不同而引起的

D. 布朗运动就是气体分子的扩散运动

（2）（多选）关于分子动理论的基本观点和实验依据，下列说法正确的是（　　）。

A. 多数分子大小的数量级为 10^{10} m

B. 扩散现象说明，物体分子永不停息地做无规则运动

C. 悬浮在液体中的微粒越大，该微粒的布朗运动就越明显

D. 木棒很难被拉伸也很难被压缩，是因为分子间存在相互作用的引力和斥力

（3）PM2.5 是指大气中直径 $d \leqslant 2.5$ μm 的悬浮细颗粒物，PM2.5 悬浮在空中做无规则运动，与较大的颗粒物相比，它在大气中的停留时间更长，很难自然沉降到地面。关于 PM2.5 的说法中正确的是（　　）。

A. 气温越高，PM2.5 微粒的运动越激烈

B. PM2.5 微粒在空气中的运动就是气体分子的热运动

C. PM2.5 微粒在空气中始终处于平衡状态

D. 低碳生活、减少化石燃料的使用并不能有效地减小 PM2.5 在空气中的浓度

2 气体压强 温度

通过上节的学习，我们已初步了解了分子的世界。那么，还有哪些宏观现象是与小小的分子世界有关的呢？

气体压强的微观解释

◀◀ 宏观现象

图 3-8 是马德堡半球实验纪念邮票。从邮票中，可以清晰看到当时做实验的情景，

把两个内部中空的铁球嵌在一起，设法排出其中的空气，分别用马向两边拉，最后总计用 16 匹马才把两个半铁球分开。马德堡半球实验既验证了大气压的存在，又说明大气压很大。

图 3-8　马德堡半球实验纪念邮票

从图 3-9（a）的实验可以发现，仅凭一张硬纸板就可以挡住杯子里的水，使其不流出；从图 3-9（b）中可以看出在广口瓶内放置一些易燃物，并把易燃物点燃，用一个去掉外皮的熟鸡蛋堵在瓶口，一会儿便发现鸡蛋进入瓶中。这些都是大气压导致的结果。

马德堡半球实验

生活中利用大气压的例子还有很多，如图 3-10 所示，瓶中的水能被吸入口中，吸盘能固定在墙壁上都是大气压作用的结果。

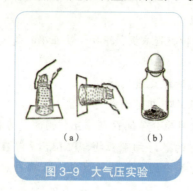

（a）　　（b）

图 3-9　大气压实验

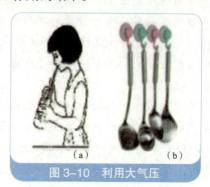

（a）　　（b）

图 3-10　利用大气压

◀◀ 微观本质

压力的作用效果用压强来衡量，单位面积上所受到的压力称为压强。那么气体的压强是如何产生的呢？先让我们来看两个生活中的例子。图 3-11 所示的是大量雨滴不停地对伞面进行撞击，使伞面受到持续的作用力；如图 3-12 所示，将盛在杯中的小铁珠均匀倒在台秤上，观察台秤的示数变化情况。实验表明，在相同时间内，与台秤面发生碰撞的小铁珠越多，台秤示数越大，表明台秤受到的压力越大；如果将杯子的高度增加，小铁珠与台秤面碰撞时的速度越大，台秤示数越大，表明台秤受到的压力也越大。

图 3-11　雨滴对伞的压力

图 3-12　小铁珠对台秤的压力

通过上述现象和实验你能够想到是不是气体对容器壁有压力？大量气体分子对容器壁的连续碰撞作用使容器壁受到一个持续的压力。

从微观本质说，气体压强的大小跟两个因素有关：一个是分子的密集程度，另一个是气体分子的平均动能的大小。

气体压强的单位和测量

在物理学中，用 p 表示压强，在国际制单位中，压强的单位是帕斯卡，简称帕，符号是 Pa。除此之外，在生产和生活中还经常用标准大气压（atm）和毫米汞柱（mmHg）来表示压强的大小。它们之间的换算关系如下：

$1\ atm = 1.01 \times 10^5\ Pa$, $\qquad 1\ atm = 760\ mmHg$, $\qquad 1\ mmHg \approx 133\ Pa$

测量大气压的仪器叫作气压计。气压计的种类很多，常见的有动槽式（福廷式）气压计和 U 形管气压计。

如图 3-13 所示是动槽式气压计，它的主要部件是一根长 90 cm、上端封闭的玻璃管。管中盛有水银（俗称汞）并倒插入下部的水银槽中。玻璃管水银面以上是真空，汞槽下部是储水银槽，它既与大气相通，水银又不会漏出。当玻璃管内水银柱达到一定高度时，玻璃管中水银柱产生的压强与管外大气的压强相等，就可确定大气压的数值。通常，水银柱的高度即为压强，以 mmHg 为单位。

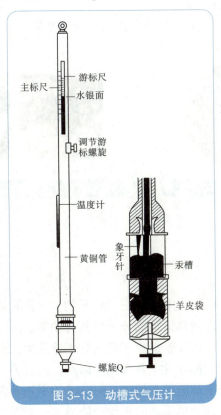

图 3-13　动槽式气压计

如图 3-14 所示是 U 形管气压计,它由橡胶管和 U 形玻璃管组成,管内装有水或水银,当把橡胶管置于空气中时,管口左右两边气压相等,U 形管两边液面相平,然后把橡胶管和待测气体相连通,两管内液面产生高度差,压强越大,两液面高度差越大,因此,由两管内液面的高度差可知被测气体压强的大小。

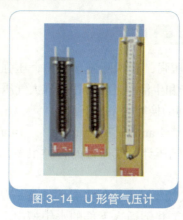

图 3-14 U 形管气压计

工业上用来测量气体压强的仪表通常称为气压表。如图 3-15 所示就是一个气压表,可预测天气的变化。气压高时天气晴朗;气压降低时,将有风雨出现。还可以测高度,因为在海拔高度 3 000 m 内,可近似认为每升高 10 m,大气压降低 100 Pa,因此可测山的高度及飞机在空中飞行时的高度。

图 3-16 展示了利用气压表测量汽车轮胎气压的过程。

图 3-15 气压表

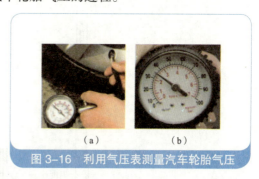

(a)   (b)

图 3-16 利用气压表测量汽车轮胎气压

温度

温度的微观本质

在上一节课中,我们知道,物体是由分子组成的,分子在永不停息地做无规则运动,像一切运动着的物体一样,做热运动的分子也具有动能。由于分子在不停地做无规则热运动,它们会相互碰撞,这样就造成了有的分子速率大,有的分子速率小,并且碰撞过程时刻发生,动能时刻都在发生着变化。因此,我们关心的不是单个分子的动能大小,而是物体里所有分子动能的平均值——分子的平均动能。当温度升高时,物体分子的无规则运动加剧,分子热运动的平均动能增加;当温度降低时,物体分子的无规则运动减弱，分子热运动的平均动能减小。所以，在微观层面，温度是物体分子热运动平均动能大小的标志。而在宏观上，温度表示物体的冷热程度。

需要说明的是，温度越高，表示物体内分子热运动越剧烈，分子平均动能越大，但由于分子之间在时刻发生碰撞，不代表每一个分子的动能都会变大。所以，物体温度的高低，只具有对物体内大量分子动能的统计意义，不能说"一个分子的温度升高或降低"，这是没有意义的。

温标和温度计

在生活中，我们是怎么确定一个物体的温度呢？如果要定量地描述温度，就必须有一套方法，这套方法就是温标。

确定一个温标时首先要选择一种测温的物质，根据这种物质的某个物理特性随温度的变化来制造温度计。比如，可以根据水银的热膨胀来制造水银温度计，如图 3-17 所示。我们可以通过细管中水银柱的高度确定水银底端接触物的温度；也可以利用金属铂的电

图 3-17　水银温度计

阻随温度的变化关系制造金属电阻温度计，如图 3-18 所示；还可以利用有温度的物体向外辐射红外线的特性制成红外测温仪，不需要接触就可以测量物体的温度，如图 3-19 所示。

图 3-18　两种金属电阻温度计

图 3-19　便携式红外测温仪

在我国，使用的是由瑞典人 Celsius（摄氏）提出的摄氏温标，即在标准大气压下，把冰水混合物的温度规定为 0 ℃，水的沸腾温度规定为 100 ℃。根据水这两个固定温度点来对玻璃管上进行分度。0 ℃和 100 ℃两点间作 100 等份，每一份称为 1 摄氏度，记作 1 ℃。泡澡的水温应调整在 38 ℃~40 ℃。泡茶时，我们把水温控制在 80 ℃~90 ℃最好。煤气火焰温度为 1 840 ℃。

在美国的日常生活中，多采用华氏温标，其单位是华氏度（℉）。摄氏温度（t）与华氏温度（F）之间的换算关系为：$F = 1.8t + 32$，因此，在我国人体最适宜的是 25 ℃，在美国就是华氏 77 ℉。

现代科学中，用得更多的是热力学温标。热力学温标表示的温度称为热力学温度，它是国际单位制中 7 个基本物理量之一，用符号 T 表示，单位是开尔文（k），简称开，它与摄氏温度的换算关系是：$T = t + 273.15$。

热机效率

热机的出现以 18 世纪的蒸汽机为标志，但它从初创到广泛应用，经历了漫长的年月，1765 年和 1782 年，瓦特两次改进蒸汽机的设计，使蒸汽机的应用得到了很大发展，但是效率仍不高。1824 年萨迪·卡诺发表了著名论文《关于火的动力及适于发展这一动力的机器的思考》，提出了在热机理论中有重要地位的卡诺定理。各种热机效率值见表 3-3。

表 3-3　各种热机的效率值

热机类型	效率
蒸汽机	4%~8%
蒸汽轮机	25%~30%
汽油机	26%~45%
柴油机	34%~45%
燃气轮机	50%~60%
喷气发动机	50%~60%

热机的效率是热机问世以来，科学家、发明家和工程师们一直研究的重要问题。现在的内燃机和喷气机跟最初的蒸汽机相比，效率虽然提高了很多，但以节约能源的要求来衡量，热机的效率还远远不够。最好的空气喷气发动机，在比较理想的情况下，其效率也只有 60%。用得最广的内燃机，其效率最多只达到 40%，大部分能量被浪费掉了。以下这些措施能够提升热机的效率：

（1）改进制造工艺。减小活塞、连杆转轴等处的摩擦；气缸密封性良好；保证喷头无损，喷雾均匀。

（2）采用涡轮增压技术。如果能在相同的单位时间里，把更多的空气及燃油的混合气强制挤入汽缸（燃烧室）进行燃烧做功，便能在相同的转速下产生较自然进气发动机更大的动力输出，这就是涡轮增压技术。涡轮增压技术的原理并不复杂，就好像你拿一台电风扇向汽缸内吹，硬把风往里面灌，使里面的空气量增大，以得到较大的功率，只是这个扇子不是用电动马达，而是用引擎排出的废气来驱动。这样就可以使小排气量的引擎能"吸入"和大排气量相同的空气，提高容积效率，在一定程度上提高发动机的效率。

机翼原理

机翼的主要功用就是产生升力，以支持飞机在空中飞行。它为什么能产生升力呢？

首先要从飞机机翼具有独特的剖面说起，机翼横断面（横向剖面）的形状称为翼形，机翼剖面的集合特性与机翼的空气动力有密切的关系。从侧面看，机翼顶部弯曲，而底部相对较平。机翼在空气中穿过将气流分隔开来，一部分空气从机翼上方流过，另一部分从下方流过，如图 3-20 所示。空气的流动在日常生活中是看不见的，但低速气流的流动却与水流有较大的相似性。日常的生活经验告诉我们，当水流以一个相对稳定的流量流过河床时，在河面较宽的地方流速慢，在河面较窄的地方流速快。流过机翼的气流与河床中的流水类似，由于机翼一般是不对称的，上表面比较凸，而下表面比较平，流过机翼上表面的

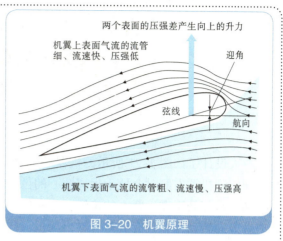

图 3-20 机翼原理

气流就类似于较窄地方的流水，流速较快，而流过机翼下表面的气流正好相反，类似于较宽地方的流水，流速较上表面的气流慢。根据流体力学的基本原理，流动慢的大气压强较大，而流动快的大气压强较小，这样机翼下表面的压强就比上表面的压强高，换句话说，就是大气施加于机翼下表面的压力（方向向上）比施加于机翼上表面的压力（方向向下）大，二者的压力差便形成了飞机的升力。简单来说，飞机向前飞行得越快，机翼产生的气动升力也就越大。当升力大于重力时，飞机就可以向上爬升；当升力小于重力时，飞机就可以降低高度。

● **练一练**

（1）（多选）对于一定质量的气体，下列叙述中正确的是（　　）。

　　A. 当气体体积一定时，温度越高，气体压强越大

　　B. 当气体体积一定时，温度越低，气体压强越大

　　C. 当气体温度一定时，体积越小，气体压强越大

　　D. 当气体温度一定时，体积越大，气体压强越大

（2）（多选）下列说法正确的是（　　）。

　　A. 气体压强是由大量分子对器壁的频繁撞击产生的

　　B. 气体的体积等于所有分子的体积之和

　　C. 某种气体温度越高，分子的平均速率就越大

　　D. 一定质量的气体，分子的平均速率越大，气体压强就越大

3 能量守恒定律

有人设计了如图 3-21 所示的机器。按照设计者的意图，当小球转到机器右侧时会处于远离圆心的位置，而这时机器左侧的小球却处于靠近圆心的位置，这样机器就会一直沿着顺时针方向转动，并且能够对外输出能量。同学们，你认为这样的设计能成功吗？

图 3-21 "永动机"

 **热力学能**

构成物质的大量分子，由于彼此之间相互作用和永不停息地无规则热运动而具有能量。

分子势能

当两个物体相互吸引时，这个系统会具有能量，比如，在地球上的物体受到地球的吸引而具有重力势能。分子间的相互作用力也使它们之间具有势能，称为分子势能。

可以利用类比的方法研究分子势能。重力势能的大小与物体的高度有关，因此，分子间的势能与分子间的距离有关。而分子间的距离从宏观表现来看就是物体的体积，因此，可以说物体体积的变化会导致物体内部分子势能的变化。分子势能是和分子间的作用力有关的，而气体分子间的相互作用力几乎为零，因此，在现阶段的研究中，当研究气体时，不考虑气体的分子势能。

分子动能

构成物质的分子在永不停息地做无规则运动，所以具有动能。由于分子在不停地做无规则热运动，它们会相互碰撞，并且碰撞过程时刻发生，动能时刻都在发生着变化。因此，关注单个分子的动能大小没有实际意义，具有统计意义的是物体里所有分子动能的平均值——分子的平均动能。

热力学能：物体中所有分子的动能和势能的总和，称为这个物体的热力学能（Therm-odynamic Energy），也称为物体的内能。

热力学能是能量的一种，因此，其单位也是焦耳（J）。

因为物体内部分子总是在做无规则运动，所以任何物体都有热力学能。而分子热运动的平均动能和温度有关，分子势能与宏观的体积有关，所以，物体的热力学能与物体的温度和体积有关。

必须强调的是，一个物体的热力学能是该物体中所有分子的动能和势能的总和，因此，热力学能的多少与物体中所含有的分子数量有关。分子数量越大，热力学能越大。例如，相同温度下，一桶水的热力学能要比一杯水的热力学能大。

改变热力学能的方法

就同一个物体而言，要改变其热力学能的方法有两种：做功和热传递。

做功可以改变物体的热力学能。用锯条锯木头时（见图 3-22），锯条和木头的温度会升高，热力学能增加。类似的还有钻木取火（见图 3-23）、冬天手冷时搓手、从滑梯滑下时感觉发烫等。这类"摩擦生热"现象的本质就是通过克服摩擦力从而对物体做功，使物体温度升高，改变了物体的热力学能。

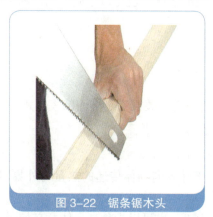

图 3-22　锯条锯木头

图 3-23　钻木取火

对气体做功将其压缩或气体膨胀对外做功时，气体的热力学能也会发生改变。

●动手做

压燃实验

将浸过乙醚的少许棉花放在有机玻璃桶底部，如图 3-24 所示。迅速压下活塞，观察并解释实验现象。

图 3-24　压燃实验

上面的实验表明，活塞向下运动，对空气做功，使空气的热力学能增加，温度升高，点燃了棉花。

热传递可以改变物体热力学能。当用酒精灯加热水时，热量从酒精灯传递给水，如图 3-25 所示，水的热力学能增加，温度升高。在制造金属工件时，有时为了提高工件的刚性、硬度、耐磨性、疲劳强度以及韧性，会将金属工件加热到几百至一千多摄氏度，然后突然放入水中（或其他介质）冷却，这种工艺叫"淬火"。这时，金属工件的温度降低，热力学能减少，而水的温度升高，热力学能增加。此过程中，热量从金属工件传递给水。

图 3-25　热传递实验

要使一根铁棒的温度升高，可以用热传递的方式给它加热；也可以利用对它做功的方法，摩擦生热，使其温度升高。除非事先知道，否则无法区分是用哪种方法使铁棒升温。这说明，做功和热传递对改变物体的内能是等效的。因此，功和热量的单位与热力学能的单位相同，都是焦耳。

从结果上看，热传递和做功对于改变物体的热力学能是等价的。但从能量来源的角度看，二者有很大的不同。做功过程是不同能量之间的相互转化（其他形式的能量转化为物体的热力学能）；而热传递过程是不同的物体（也可以是同一物体的不同部分）之间热力学能的转移。

 ## 热力学第一定律

做功和热传递能够改变物体的内能，三者的定量关系满足下面的表达式

$$\Delta U = Q + W$$

这就是热力学第一定律（First Law of Thermodynamics）。

热力学第一定律：物体内能的增加量等于外界向物体传递的热量与外界对物体做功的总和。

在实际计算中，ΔU、Q、W 的取值可以为正，也可以为负。具体意义如下：

当 Q 为正值时，表示物体从外界吸收热量；当 Q 为负值时，表示物体向外界放出热量。

当 W 为正值时，表示外界对物体做功；当 W 为负值时，表示物体对外界做功。

当 ΔU 为正值时，表示物体的内能增加；当 ΔU 为负值时，表示物体的内能减少。

例题：当压缩气体时，外界对气体做功 200 J，压缩过程中气体向外界传递了 150 J 的热量，气体的热力学能的变化量是多少？

分析：外界对气体做功 200 J，则 $W = 200$ J。而气体向外界传递热量，因此，$Q = -150$ J。

解：根据热力学第一定律，有

$$\Delta U = Q + W$$
$$= (-150 \text{ J}) + 200 \text{ J}$$
$$= 50 \text{ J}$$

答：物体的热力学能增加了 50 J。

能量守恒定律

能量的转化和转移

自然界的物质存在着各种形式的运动，如物体的机械运动、电磁运动、分子的热运动等。每一种运动都有一种形式的能量与它对应。比如，机械运动对应着机械能、电磁运动对应着电磁能、分子热运动对应的是热力学能……

从生活出发，人们发现各种形式的能量都可以相互转化：冬天太冷了，两只手之间相互摩擦，可以使手暖和起来，这是机械能转化成内能；利用电热水壶烧水，这是电能转化成热力学能；利用天然气做饭，这是化学能转化成热力学能……图 3-26 展示了各种能量之间的转化情况。

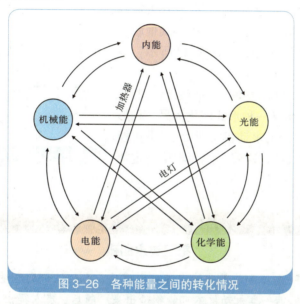

图 3-26 各种能量之间的转化情况

不同物体之间还可以通过热传递的方式实现能量的转移，如烧红的铁块把热力学能传递给水。同一个物体的不同部分之间也可以进行能量的转移，如只加热铁棒的一端，过一会儿另一端也会烫手。

那么，在能量的转化和转移过程中，是否存在什么规律呢？

能量守恒定律

在长期生产实践和大量科学实验的基础上，人们发现了能量转化和转移过程中的规律，这就是能量守恒定律（Energy Conservation Law）。

能量守恒定律：能量既不会凭空产生，也不会凭空消失，它只能从一种形式转化为另一种形式，或者从一个物体转移到另一个物体，在转化和转移的过程中其总量保持不变。

在力学的学习中我们知道，在只有重力做功的情形下，物体的动能和重力势能可以相互转化，物体的机械能总量不变。但在实验中，单摆摆动过程中，随着时间的推移振幅会逐渐减小，最后停止摆动；骑自行车时，不去蹬脚踏板，自行车也会慢慢地停下来。在这些过程中，能量是否守恒呢？

实际上这些事例中的能量也是守恒的，只是物体的机械能转化成了热力学能，所以机械能逐渐减少，机械运动就会停止。

能量守恒定律是自然界最基本、最普遍的定律之一，是各种自然现象都必须遵守的定律。任何违背能量守恒定律的观点，经实践证明都是错误的。

17—18 世纪，在工业革命的推动下，人类对机械动力的需求越来越大，很多人都致力于研究怎样消耗最少的燃料而获得尽可能多的动力，甚至幻想制造出一种不需要任何动力和燃料来源，却可以源源不断对外做功的机器，这种机器被称为"第一类永动机"。本节开头提到的便是第一类永动机。此外，还有很多其他版本的"第一类永动机"模型，如图 3-27 所示。但它们都从未实现"永动"。

图 3-27 一种"第一类永动机"模型

随着能量守恒定律的发现，人们最终认识到，任何机器只能将能量从一种形式转化为另一种形式，因此不可能制造出永动机。所以，"不可能制造出第一类永动机"，这就是热力学第一定律的另一种表述。

●广角镜

第二类永动机

在热力学第一定律和能量守恒定律被发现后，人们认识到能量是不能被凭空创造出来的，所以，第一类永动机不可能制造出来。随后，有人提出，设计一类装置，从海洋、大气乃至宇宙中吸取一定的热量，然后将这些热量作为驱动机器转动和对外输出动力的能量来源，进而在机械能和内能之间循环不停，永不减少。比如，水平公路上失去动力的汽车在摩擦等阻力的作用下，机械能将全部转化为内能，但我们把这些内能全部收集起来，又可以使其完全转化为机械能，进而形成循环，汽车就可以不再消耗能源，不停地运动下去。这就是第二类永动机。

第二类永动机是不可能实现的。因为，它违反了热力学第二定律，即：不可能从单一热源吸热使之完全变为有用功而不产生其他影响。例如，滑动摩擦可以使机械能转化为内能并耗散在周围空间，但不能将这些耗散的能量收集起来自发地转化为机械能；自然界中与热现象有关的宏观物理过程具有方向性，不可逆。因此，第二类永动机也不可能制成。

•物理与生活

四冲程发动机的工作原理

发动机为汽车提供动力。发动机还广泛应用于交通运输机械、农业机械、工程机械和发电机组等各个方面。发动机种类繁多,其中四冲程发动机是最常见的一种。

四冲程发动机的工作原理如图 3-28 所示,它的一个完整工作过程分为 4 个阶段,因此称为四冲程。

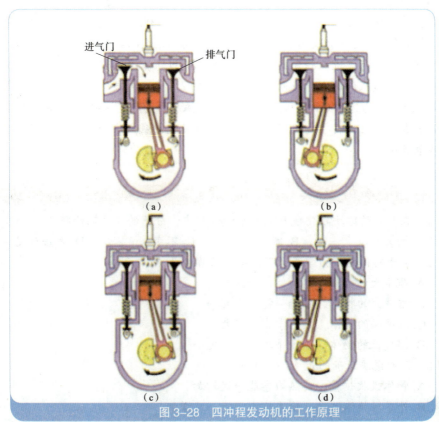

（a）　　　　　　　　　　（b）

（c）　　　　　　　　　　（d）

图 3-28　四冲程发动机的工作原理

（a）进气冲程；（b）压缩冲程；（c）做功冲程；（d）排气冲程

（1）进气冲程。

进气门开启,排气门关闭,活塞由上止点向下止点移动,活塞上方的气缸容积增大,产生真空度,汽缸内压力降到进气压力以下。在真空吸力作用下,通过化油器或气油喷射装置雾化的汽油,与空气混合形成可燃混合气,由进气道和进气门吸入气缸内。进气过程一直延续到活塞过了下止点,进气门关闭。接着上行的活塞开始压缩气体。

（2）压缩冲程。

进、排气门全部关闭,压缩缸内可燃混合气,混合气温度升高,压力上升。活塞临近上止点前,可燃混合气压力上升到 0.6~1.2 MPa,温度可达 330 ℃~430 ℃。

（3）做功冲程。

在压缩冲程中，当活塞接近上止点时，装在气缸盖上方的火花塞发出电火花，点燃所压缩的可燃混合气。可燃混合气燃烧后放出大量的热量，缸内燃气压力和温度迅速上升，最高燃烧压力可达 3~6 MPa，最高燃烧温度可达 2 200 ℃~2 500 ℃。高温高压燃气推动活塞快速向下止点移动，通过曲柄连杆机构对外做功。做功冲程开始时，进、排气门均关闭。

（4）排气冲程。

做功冲程接近终了时，排气门开启，由于这时缸内压力高于大气压力，高温废气迅速排出气缸，这一阶段属于自由排气阶段，高温废气以当地音速通过排气门排出。随排气冲程的进行，进入强制排气阶段，活塞越过下止点向上止点移动，强制将缸内废气排出，活塞到达上止点附近时，排气过程结束。排气终了时，汽缸内气体压力稍高于大气压力，为 0.105~0.115 MPa，废气温度为 600 ℃~900 ℃。由于燃烧室占有一定容积，因此，在排气终了时，不可能将废气彻底排除干净，剩余部分的废气称为残余废气。

练一练

（1）在 0 ℃的冰块融化成 0 ℃的水的过程中，分子的平均动能将（   ）。

    A. 增大   B. 减小   C. 不变   D. 无法确定

（2）关于物体的热力学能，下列叙述正确的是（   ）。

    A. 质量大的物体，热力学能一定大

    B. 质量大的物体，分子势能一定大

    C. 温度高的物体，热力学能一定大

    D. 温度低的物体，分子平均动能一定小

（3）下列说法正确的是（   ）。

    A. 物体吸收热量，其热力学能一定增加

    B. 外界对物体做功，物体热力学能一定增加

    C. 物体吸收热量，同时对外做功，其热力学能可能增加

    D. 物体温度不变，其热力学能也一定不变

（4）在一个与外界没有热交换的房间内，打开冰箱门，冰箱正常工作，过一段时间后，房间内的温度将（   ）。

    A. 降低   B. 升高   C. 不变   D. 无法确定

（5）指出下列现象中能量是如何转化和转移的。

①人在运动时，身体发热出汗。

②用酒精灯给烧杯里的水加热。

③电流流过灯泡，灯泡发光发热。

④植物进行光合作用。

⑤烧红的铁块放入水中后，逐渐冷却。

学生实验三 测量气体的压强

实验目的

（1）了解 U 形管测量气体压强的工作原理。

（2）学习气体压强的测量方法，用 U 形管和大气压强计测量容器中气体的压强。

实验器材

空盒气压表；U 形管；铁架台；水槽；刻度尺；水银。

 ### 准备活动：认识大气压强

在地球表面覆盖的大气会对浸入其内部的物体有压强作用，称为大气压强，简称大气压。早在 17 世纪完成的马德堡半球实验有力地证明了大气压强的存在，而大气压强的准确数值则是由意大利科学家托里拆利通过著名的托里拆利实验测定的，经测标准大气压为：1.01×10^5 Pa，约等于 760 mmHg。

 ## 实验原理

空盒气压表

空盒气压表是目前实验室常用的大气压强测量仪器，如图 3-29 所示。其内部用金属膜盒作为感应元件，盒内近似于真空，以它形变的位移测定气压。其优点是便于携带和安装。

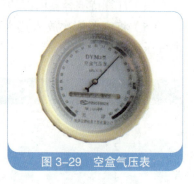

图 3-29 空盒气压表

U 形管测大气压强

在两端开口的 U 形管中注入适量水银，如图 3-30 所示。由连通器原理可知，两侧水银液面相平，此时两侧液面受到的大气压强均为当地气压值 p_0。

若将 U 形管左侧用橡胶管与待测密闭容器相连，则 U 形管两侧会出现液面差。以右侧液面高为例，如图 3-31 所示，水银液面静止后，由受力平衡条件可知，待测密闭容器气体的压强为

$$p = p_0 + \rho g h$$

图 3-30 U 形管

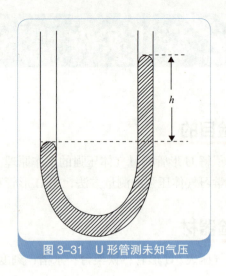
图 3-31 U 形管测未知气压

同理，当左侧液面较高时，则有

$$p = p_0 - \rho g h$$

 实验步骤

（1）利用空盒气压计测量此时实验室内的大气压强，并将数据记录到实验表格 3-4 中。

（2）用铁架台竖直固定 U 形管，在管中注入适量水银，使两侧液面稳定且水平等高。

（3）将 U 形管的一端与待测密闭容器紧密相连，待水银液面重新稳定后，测量两侧液面高度差 h，记入实验表格中。

（4）计算待测容器内部的气压值。

（5）将容器依次放入热水和冷水中，重复步骤（2）、（3）、（4），测量此时容器内的气压值。

表 3-4　大气压强实验表格

测量序号	室内大气压强 p_0/Pa	高度差 h/m	待测气体压强 p/Pa
1			
2			
3			

 实验结论

室温下，待测容器内气体压强为：$p =$＿＿＿＿＿；

热水中，待测容器内气体压强为：$p =$＿＿＿＿＿；

冷水中，待测容器内气体压强为：$p =$＿＿＿＿＿。

本单元小结

知识结构

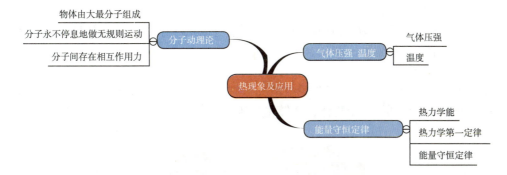

```
物体由大最分子组成
分子永不停息地做无规则运动          气体压强   温度        气体压强
分子间存在相互作用力      分子动理论                      温度

                    热现象及应用
                                                      热力学能
                                   能量守恒定律        热力学第一定律
                                                      能量守恒定律
```

重点知识

1.分子动理论

（1）分子的大小：分子直径的数量级是 10^{-10} m。

（2）分子的热运动：一切物质的分子都在不停地做无规则的热运动。

（3）分子间的相互作用力：

①既有引力，又有斥力。

②本质上属于电磁力。

③都只在分子间距离很小时表现出来，并且当分子间距离大于平衡距离时，表现为引力；当分子间距离小于平衡距离时，表现为斥力。

2.气体压强　温度

1）气体压强

（1）微观本质：大量的气体分子对容器壁单位面积上产生的压力。

（2）决定因素：体积和温度。

（3）气体压强的单位：Pa、atm、mmHg。

（4）气体压强的测量：气压计和气压表。

2）温度

（1）微观本质：温度是物体分子热运动平均动能大小的标志。

（2）温标：摄氏温标、华氏温标、热力学温标。

（3）温度计：水银温度计、金属电阻温度计、红外测温仪等。

3. 能量守恒定律

1）热力学能

物体中所有分子的动能和势能的总和称为这个物体的热力学能，也称为物体的内能。

2）热力学第一定律

（1）公式：$\Delta U = Q + W$。

（2）文字表述：物体热力学能的增加量等于外界向物体传递的热量与外界对物体做功之和。

3）能量的转化和转移

能量可以从一种形式转化为另一种形式，也可以从一个物体转移到另一个物体，或从物体的一部分转移到另一部分。

4）能量守恒定律

能量既不会凭空产生，也不会凭空消失，它只能从一种形式转化为另一种形式，或者从一个物体转移到另一个物体，在转化和转移的过程中，其总量保持不变。

单元检测题

一、填空题

3-1 宏观物体是由大量_____组成的，分子永不停息地做_____，分子间存在_____力和_____力，这是分子动理论的基本观点。

3-2 分子的无规则运动与_____有关，_____越高，分子运动越剧烈。因此，我们把大量分子的这种运动称为_____运动。

3-3 水和酒精混合后总体积减小的现象说明液体分子之间存在_____。

3-4 当分子间的距离小于平衡距离时，分子间表现为_____；当分子间的距离大于平衡距离时，分子间表现为_____。

3-5 物体_____能的增加量等于外界向物体传递的_____与外界对物体做的_____之和。这就是热力学第一定律。用公式表示为_____。

3-6 电炉通电后，电炉丝发热，是通过电流_____把_____能转化为电炉丝的_____能，电炉又把锅中的水烧开，是通过_____的方式，把热力学能从_____转移到_____。

3-7 能量既不会凭空_____，也不会凭空_____，它只能从一种_____转化为另一种_____，或者从一个_____转移到另一个_____，在转化和转移的过程中，其_____保持不变，这就是能量守恒定律。

二、选择题

3-8 在一个封闭的房间里，打开香水瓶盖，过一段时间后，整个房间都可以闻到香水味。这说明（　　）。

　　A. 香水分子之间有空隙　　　　　　B. 香水分子之间有相互作用

C. 香水分子在做无规则的运动　　　　D. 香水分子的运动速度与温度有关

3-9　布朗运动的发现说明了（　　　）。

A. 液体是由分子组成的　　　　　　B. 液体分子不停地做无规则运动

C. 液体分子之间有空隙　　　　　　D. 液体分子之间有相互作用力

3-10　当物体温度升高时，下列说法中正确的是（　　　）。

A. 每个分子的温度都升高　　　　　B. 每个分子的热运动都加剧

C. 每个分子的动能都增大　　　　　D. 物体内分子的平均动能增大

3-11　（多选）关于热力学温度和摄氏温度，下列说法中正确的是（　　　）。

A. 热力学温度的单位"K"是国际制单位中的基本单位

B. 0 ℃的温度可用热力学温度近似表示为 273.15 K

C. 温度升高了 1 ℃，就是升高了 1 K

D. 1 ℃就是 1 K

3-12　两个物体相互接触放在一起，它们之间没有热传递，是因为它们具有相同的（　　　）。

A. 温度　　　　　　　　　　　　　B. 热力学能

C. 热量　　　　　　　　　　　　　D. 密度

3-13　在热力学第一定律的表达式中，关于 W、Q、ΔU 各个物理量的正负，下列说法正确的是（　　　）。

A. 外界对物体做功时 W 为正，吸热时 Q 为负，内能增加时 ΔU 为正

B. 物体对外界做功时 W 为正，吸热时 Q 为正，内能减小时 ΔU 为负

C. 外界对物体做功时 W 为负，放热时 Q 为正，内能减小时 ΔU 为负

D. 物体对外界做功时 W 为负，放热时 Q 为负，内能增加时 ΔU 为正

3-14　自由摆动的秋千，摆动的幅度越来越小，在此过程中（　　　）。

A. 机械能守恒　　　　　　　　　　B. 能量正在消失

C. 总能量守恒　　　　　　　　　　D. 只有动能和势能在相互转化

三、计算题

3-15　木工师傅用 200 N 的力移动锯子锯木头，每锯一下，锯子向前或向后移动 50 cm。在锯木头的过程中，有 60% 的功转化为锯子的热力学能，那么锯 10 次后，锯条的热力学能增加了多少？

3-16　一定量的气体从外界吸收 3×10^{-5} J 的热量，气体的热力学能增加了 4.5×10^{-5} J，气体对外界做了功还是外界对气体做了功？做了多少功？

第四单元

直流电路

你也许知道，当我们身边的各种电子产品外壳被打开时，展现在我们面前的是安装着密密麻麻电子元件的电路板。也许你会觉得，这真是不可思议。实际上这些看似复杂的电路都是由最基本的电路组合而成的，让我们一同去认识它、接触它吧！

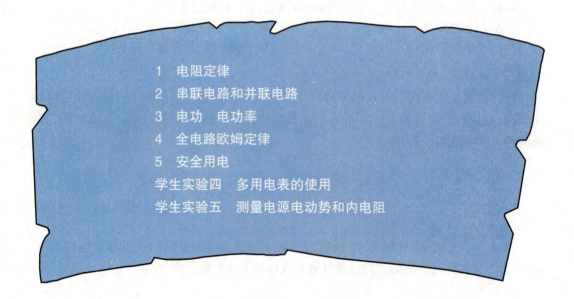

1 电阻定律

在我们身边经常可以看到各种各样的导线（见图4-1）。例如，家用电器上的电源线、各种电缆线、电子产品的连接线等。它们粗细不等、材料不一，为什么会这样呢？

 导体的电阻

在初中，我们已经知道，自由电荷定向移动形成电流。当电流通过导线时，定向运动的自由电荷会受到阻碍，这就是我们通常所说的电阻（Resistance）。理论上，导线对电流产生的阻碍作用是自由电子不断地与金属原子发生碰撞的结果。

如果用电压表（见图4-2）测出导线两端的电压 U，用电流表（见图4-3）测出导线中的电流 I，代入公式

$$R = \frac{U}{I}$$

即可求出导线的电阻 R，这种测量电阻的方法称为伏安法。

 探究影响导体电阻的因素

 提出问题

导体的电阻是导体本身的一种性质，是由导体自身的因素决定的，那么，电阻的大小究竟与什么因素有关呢？

自由电子在定向移动时与金属原子不断碰撞，导线越长，自由电子与金属原子的碰撞机会就会越多，那么电阻是否也会越大呢？导线越细，自由电子流通就会越不流畅，那么电阻是否也会越大呢？不同材料的金属原子排列不同，电阻与材料是否有关呢？

图4-1 导线

图4-2 电压表

图4-3 电流表

★ 小提示：

影响电阻大小的因素可能很多，为了确定到底是哪些因素影响电阻以及它们如何影响电阻，必须用控制变量法进行研究。控制变量法实际上就是把复杂问题简单化，它是物理学中一个很重要的研究方法。

实验探究

如图4-4所示,以几根长度和横截面积相同的镍铬和锰铜导线为研究对象进行探究。

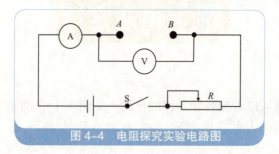

图4-4　电阻探究实验电路图

动手做

把一根镍铬导线接入图4-4中的 A、B 两点,读出电压表和电流表的示数,算出这根导线的电阻。

把两根镍铬导线串联起来,使导线的横截面积不变,长度变为原来的2倍,接入电路的 A、B 两点,再读出电压表和电流表的示数,算出两根导线串联时的电阻。依次串联第三根、第四根……算出相应的电阻 R。在图4-5中,用 R-l 图线描绘电阻 R 的大小与长度 l 的关系。由此得到电阻 R 的大小与长度 l 的关系为

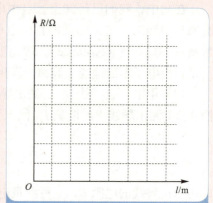

图4-5　电阻探究实验数据分析

把镍铬导线并联起来,使导线的长度不变,横截面积变为原来的2倍,接入电路 A、B 两点,读出电压表和电流表的示数,算出两根导线并联时电阻 R 的大小。依次并联第三根、第四根……算出相应的电阻 R。同样,在图4-6中用 R-S 图线描绘电阻 R 的大小与横截面积 S 的关系。由此得到电阻 R 的大小与横截面积 S 的关系为

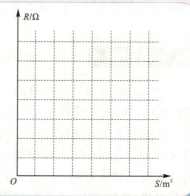

图4-6　电阻探究实验数据分析

将镍铬和锰铜导线先后接入电路的 A、B 两点,分别读出电压表和电流表的示数,算出相应的电阻。由此得到电阻大小与材料的关系为

电阻定律

通过以上探究，我们可以粗略地知道导体的长度、横截面积、材料与电阻大小的关系。我们的探究结果与科学家实验得出的电阻定律（Law of Resistance）是一致的。

电阻定律：导体的电阻 R 与它的长度 l 成正比，跟它的横截面积 S 成反比，还跟导体的材料有关。

引入比例系数 ρ，可以写成

$$R = \rho \frac{l}{S}$$

对于不同的材料，上述中的 ρ 是不同的。因此，ρ 反映了材料的导电性能，称为材料的电阻率（Resistivity）。对同一种材料而言，电阻率是一个不变的物理量；不同的材料，其数值一般不同。常见导体材料在 20 ℃时的电阻率见表 4-1。

表 4-1　常见导体材料在 20 ℃时的电阻率

材料	电阻率/（Ω·m）	材料	电阻率/（Ω·m）
银	1.6×10^{-8}	钨	5.3×10^{-8}
铜	1.75×10^{-8}	铁	1.0×10^{-7}
金	2.40×10^{-8}	锰铜合金	5.0×10^{-7}
铝	2.9×10^{-8}	镍铬合金	1.0×10^{-6}

从表 4-1 中可以看出，纯净金属的电阻率较小，合金的电阻率较大。连接电路的导线一般用电阻率小的铝或铜来制作，必要时可在线上镀银。

一般来说，有些金属材料（如铜）的电阻率一般会随着温度的升高而增大，可用来制作电阻温度计。有些合金（如锰铜合金）的电阻率几乎不受温度变化的影响，可用来制作标准电阻。绝缘体和半导体的电阻率随温度的升高而减小，并且变化也不是线性的。

● 物理与生活

音响混频控制台上可滑动的声音控制系统、一些台灯的亮度调节等都要用到电位器，电位器就是一种阻值可变的电阻。在电路中，通过改变电阻的大小调节电压或电流。

高压电线绝缘子长期暴露在空气中，会因沉积灰尘污垢而漏电。所以，要在绝缘子表面涂一层釉，使之光滑而不易沾染污垢，并制成一节节皱褶的形状，这样可以增大漏电电流沿表面渡过的距离，增大绝缘子的电阻，减少漏电。

● 物理与科技

超导

　　1991年，荷兰物理学家昂尼斯发现，水银的电阻率并不像预料的那样随温度的降低逐渐减小，而是当温度降到4.15 K附近时，水银的电阻突然降到零。某些金属、合金和化合物，在温度降到绝对零度附近的某一特定温度时，它们的电阻率突然减小到无法测量的现象称为超导现象（见图4-7），能够发生超导现象的物质称为超导体。

图4-7　超导现象

　　由于早期的超导体存在于液氦温度极低的条件下，极大地限制了超导材料的应用。人们一直在探索高温超导体——从1911年到1986年，75年间临界温度从水银的4.15 K提高到铌三锗的23.22 K。

　　1988年年初，日本成功研制临界温度达110 K的超导体。这类超导体由于其临界温度在液氮温度（77 K）以上，因此，被称为高温超导体。

　　自从高温超导材料发现以后，一阵超导热席卷了全球。科学家还发现铊系化合物超导材料的临界温度可达125 K，汞系化合物超导材料的临界温度则高达135 K。如果将汞置于高压条件下，其临界温度将能达到难以置信的164 K。

　　2014年，我国科学家发现了一种新的铁基超导材料锂铁氢氧铁硒化合物，科学家指出，这是世界上首次利用水热法发现铁硒类新型高温超导材料，堪称铁基超导研究的重大进展，为相关体系新超导体的探索提供了新的研究思路。高温超导材料的用途非常广阔，大致可分为3类：大电流应用（强电应用）、电子应用（弱电应用）和抗磁性应用。大电流应用即超导发电、输电和储能；电子学应用包括超导计算机、超导天线、超导微波器件等；抗磁性主要应用于磁悬浮列车和热核聚变反应堆等。

● 练一练

　　（1）一个定值电阻上加上5.0 V的电压，流过它的电流是0.2 A，则这个定值电阻的阻值是多大？

　　（2）一根粗细均匀的铝导线，长为20 m，横截面积为2.5 mm²，则这段铝导线的电阻是多大？

图4-8　滑动变阻器

　　（3）在实验室，用一段导线连接一个3.0 V/0.25 A的小灯泡做实验，一般都不会考虑导线的电阻。请你找一段这种导线，目测它的长度和导线中铜丝的横截面积，估算它的电阻，然后说明可以不考虑导线电阻的理由。

　　（4）滑动变阻器的结构如图4-8所示。A、B是绕在绝缘筒上电阻丝的两个端点，C、D是金属杆的两个端点。电阻丝上能够与滑片P接触的地方绝缘漆已被刮去，使滑片P能把金属杆与电阻丝连接起来。把A和C接线柱接入电路中，当滑片P由B向A移动时，接入电路的电阻将由大变小，这是为什么？你是否可以设计出另外几种连接方案，使滑片P移动时，接入电路的电阻由大变小。

2 串联电路和并联电路

每逢节日，道路两旁各单位和店面常常装饰各种 LED 彩灯串（见图 4-9）。计算机与手机传输数据时常用各种 USB 数据线（见图 4-10）。你知道它们是如何连接的吗？

图 4-9　LED 彩灯串

图 4-10　USB 数据线（三合一）

串联电路

我们在初中已经知道，把几个电阻依次首尾相连接入电路，这样的连接方式称为**串联**（Series Connection），如图 4-11 所示。

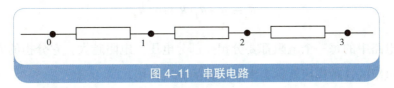

图 4-11　串联电路

理论证明：恒定电流电路中各处的电荷分布是稳定的。在图 4-11 的串联电路中，要使各处的电荷分布保持不变，则单位时间内通过 0、1、2、3 各点的电荷量必须相等，因此有

$$I_0 = I_1 = I_2 = I_3 \qquad\qquad (4\text{-}1)$$

即串联电路各处的电流相等。若有更多电阻串联时，则式（4-1）可以写成

$$I = I_1 = I_2 = \cdots = I_n$$

用电压表分别测出 3 个电阻两端的电压和串联电路两端的总电压，如图 4-12 所示，可以发现

$$U_{03} = U_{01} + U_{12} + U_{23}$$

即串联电路两端的总电压等于各部分电路电压之和。若有更多电阻串联，则上式可以写成

$$U = U_1 + U_2 + \cdots + U_n$$

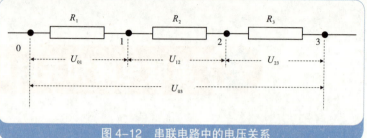

图 4-12　串联电路中的电压关系

　　在图 4-12 中，R_1、R_2、R_3 串联起来接到电路里，作为一个整体相当于一个总电阻 R。由于通过它们的电流 I 相同，则有

$$\frac{U_{03}}{I} = \frac{U_{01}}{I} + \frac{U_{12}}{I} + \frac{U_{23}}{I}$$

由欧姆定律可得

$$R = R_1 + R_2 + R_3 \qquad (4-2)$$

即串联电路的总电阻等于各部分电路电阻之和。若有更多电阻串联时，则上式可以写成

$$R = R_1 + R_2 + R_3 + \cdots + R_n$$

　　串联电路中的每一个电阻都要分担一部分电压。电阻越大，它分担的电压就会越多。串联电阻的这种作用就称为串联电路的分压作用。

　　串联电路的分压作用有很重要的应用。例如，实验室中常用的电压表就是利用串联电路的分压作用，由小量程的电流计改装而成，如图 4-13 所示。

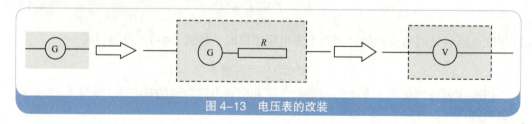

图 4-13　电压表的改装

 **并联电路**

　　如图 4-14 所示，把几个电阻的一端连在一起，另一端也连在一起，然后把两端再接入电路，这样的连接方式称为并联（Parallel Connection）。

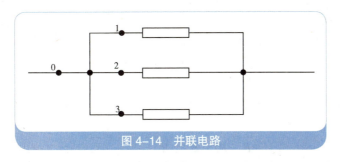

图 4-14　并联电路

在图 4-14 的并联电路中，只有在单位时间内流过干路 0 点的电荷量等于流过支路 1、2、3 的电荷量之和，才能保持电路各处的电荷分布恒定不变。因此，并联电路的总电流等于各支路电流之和，即

$$I_0 = I_1 + I_2 + I_3 \qquad (4\text{-}3)$$

即并联电路两端的总电流等于各部分电路电流之和。若有更多电阻并联时，则式（4-3）可以写成

$$I = I_1 + I_2 + \cdots + I_n$$

用电压表分别测出 3 个电阻两端的电压和并联电路两端的总电压，如图 4-15 所示，可以发现

$$U = U_1 = U_2 = U_3 \qquad (4\text{-}4)$$

即并联电路中各支路两端的电压均相等。若有更多电阻并联时，则式（4-4）可以写成

$$U = U_1 = U_2 = \cdots = U_n$$

图 4-15 中 R_1、R_2、R_3 并联起来接到电路里，作为一个整体相当于一个总电阻，由于它们是并联的，所以总电流 I 为

$$I = I_1 + I_2 + I_3 \qquad (4\text{-}5)$$

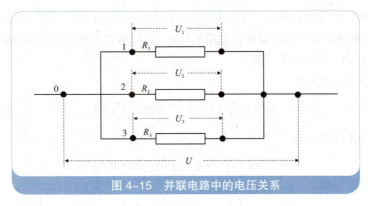

图 4-15　并联电路中的电压关系

同时它们的电压 U 相同，这样把式（4-5）两边同时除以 U，得

$$\frac{I}{U} = \frac{I_1}{U} + \frac{I_2}{U} + \frac{I_3}{U}$$

由欧姆定律得

$$\frac{1}{R} = \frac{1}{R_1} + \frac{1}{R_2} + \frac{1}{R_3}$$ （4-6）

若有更多电阻并联时，则（4-6）式可以写成

$$\frac{1}{R} = \frac{1}{R_1} + \frac{1}{R_2} + \frac{1}{R_3} + \cdots\cdots + \frac{1}{R_n}$$

即并联电路总电阻的倒数等于各支路电阻的倒数之和。

并联电路中的每一个电阻都要分担总电流的一部分。电阻越小，它分担的电流就越大。并联电阻的这种作用就称为并联电路的分流作用。

并联电路的分流作用也有很重要的应用。例如，实验室常用的电流表就是利用并联电路的分流作用，由电流计（小量程的电流表）改装而成，如图4-16所示。把电流计和一个电阻并联，并联电阻越小，分担的电流就越多，干路中就能流过更大的电流。这样，改装成的电流表就可以测量较大的电流。

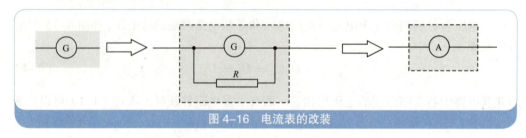

图4-16　电流表的改装

例题1： 一个电流计G，内阻 $R_g = 30\ \Omega$，满偏电流 $I_g = 1\ \text{mA}$，要把其改装为量程为 0.6 A 的电流表，要并联多大的电阻？

分析： 如图4-16所示，把电流计G与电阻 R 并联后，可以将大部分的电流分至 R，流经电流计G的电流最大依然不超过满偏电流。这样一来，电流计G和电阻 R，就组成较大量程的电流表A。当电流表A的电流为0.6 A时，电流计G的电流等于满偏电流 I_g，可以计算出电阻 R 的电流。再根据并联电路的特点，应用欧姆定律即可得出并联电阻的大小。

解： 由并联电路的规律可知：

电阻 R 两端的电压为

$$U = I_g R_g = 1 \times 10^{-3} \times 30 = 0.03(\text{V})$$

通过电阻 R 的电流为

$$I_R = I - I_g = 0.6 - 0.001 = 0.599(\text{A})$$

由欧姆定律可知

$$R = \frac{U}{I_R} = \frac{0.03}{0.599} \approx 0.05(\Omega)$$

在电流计G两端并联一个阻值为 0.05 Ω 的电阻，电流表A就可以测量不超过 0.6 A

的电流。

● 物理与生活

由并联电路的分流作用可知,如果并联在一起的几个电阻的阻值相差几个数量级,电流就几乎全部由低电阻支路通过,高电阻支路通过的电流实际上可以忽略。例如,为了预防触电,带有金属外壳的电器一般要接地线。一旦电器漏电,接触电器外壳的人体和地线并联。地线的电阻比人体的电阻小得多,由于分流作用,绝大部分电流沿着地线入地,流过人体的电流就在安全范围以内了。

● 练一练

(1)把 5 Ω 的电阻 R_1 与一个 15 Ω 的电阻 R_2 和一个理想电流表串联起来,接在电源上,电流表的计数为 0.3 A,则电源的电压是多少?

(2)如图 4-17 所示,电阻 R_1 为 10 Ω,电源的电压为 6 V。开关 S 闭合后,求:①当滑动变阻器 R 接入电路的电阻为 50 Ω 时,通过电阻 R_1 的电流 I;②当滑动变阻器 R 接入电路的电阻为 20 Ω 时,通过电阻 R_1 的电流 I'。

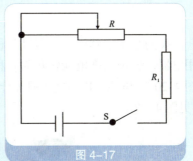

图 4-17

(3)如图 4-18 所示,电阻 R_1 为 10 Ω,电源的电压为 12 V。开关 S 闭合后,求:①当滑动变阻器 R 接入电路的电阻为 40 Ω 时,通过电阻 R_1 的电流 I_1 和总电流 I;②当滑动变阻器 R 接入电路的电阻为 20 Ω 时,通过电阻 R_1 的电流 I'_1 和总电流 I'。

(4)小明同学在学完本节内容后,想用实验验证"串联电路各处的电流都相等",选取了如图 4-19 所示器材,请你帮他连接好电路并测量。

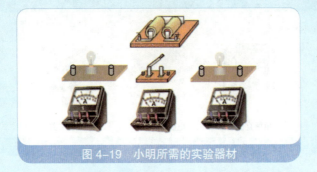

图 4-19 小明所需的实验器材

3 电功 电功率

电使路灯发光、电器工作、机器运转、电梯升降、机车运行……电给我们的生活带来了巨大的便捷。如果我们的生活没有了电，那情形简直不可想象！可是，你知道电是怎样完成这些工作的吗？

 电功

我们在初中就已经学习过各种不同形式的能量可以相互转化。在电路中接上各种用电器，就可以把电能转化为各种其他形式的能量。例如，电能可以转化为内能（见图4-20），电能可以转化为机械能（见图4-21），电能也可以转化为其他各种形式的能（见图4-22）

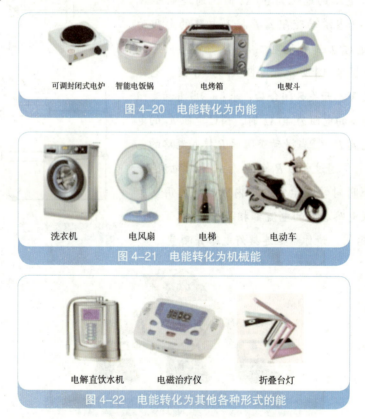

可调封闭式电炉　智能电饭锅　　电烤箱　　　电熨斗

图4-20　电能转化为内能

洗衣机　　　电风扇　　　电梯　　　电动车

图4-21　电能转化为机械能

电解直饮水机　　电磁治疗仪　　折叠台灯

图4-22　电能转化为其他各种形式的能

电能转化成其他形式的能量需要电流做功，电流做了多少功就有多少电能发生了转化，就消耗了多少电能。后续课程会告诉我们，当用电器两端加上电压时，导体中的电荷将会受到电场力的作用发生定向移动，在这一过程中，电场力对电荷做的功称为电功（Electric Work）。

电功：电流在一段电路上所做的功 W，跟这段电路两端的电压 U、电路中的电流 I 和通电时间 t 成正比，即

$$W = IUt$$

式中，W、U、I、t 的单位分别为焦耳（J）、伏特（V）、安培（A）和秒（s）。

●物理与生活

查看你家里有哪些用电器经常处于待机状态？上网搜索一下，了解这些用电器待机状态消耗的电能。如果消除待机状态，一年中能节约多少电？给家里节约多少电费？

电功率

电流做功不仅有大小之分，还有快慢之分。单位时间内电流所做的功称为电功率（Electric Power），用 P 表示，则有

$$P = \frac{W}{t}$$

由

$$W = UIt$$

进而得到

$$P = IU$$

电功率：电流在一段电路上做功的功率 P 等于电流 I 与这段电路两端的电压 U 的乘积。

电功率的单位是瓦特，简称瓦，符号是 W。$1\,W = 1\,J/s = 1\,A \cdot V$。常用的电功率单位还有毫瓦（mW）、千瓦（kW）。

电功率是衡量用电器做功快慢的物理量。在电气设备（或家用电器）的铭牌和使用说明书上，一般都标有该设备正常工作需要的额定电压和相应的额定功率（见图 4-23）。在现实生活和生产中，会发生实际电压不等于额定电压的现象，这种情况下的实际功率也不等于额定功率。

图 4-23 洗衣机功率标识

你家有哪些用电器？它们使用多高的电压？功率各是多少？

焦耳定律

当电流通过电阻时，电流做功消耗了电能，产生了热量，这种现象称为**电流的热效应**。电流通过导体时产生热量的多少与哪些因素有关呢？

英国物理学家焦耳（James Prescott Joule）通过一系列实验发现，电流发热具有下述规律，被命名为焦耳定律（Joule's Law）。

焦耳定律：电流通过导体产生的热量 Q 与电流 I 的二次方成正比，与导体的电阻 R 成正比，与通电时间 t 成正比。

焦耳定律可以用下式表示，即

$$Q = I^2 Rt$$

在这个公式里，I、R、t 的单位分别用安培（A）、欧姆（Ω）、秒（s），热量 Q 的单位用焦耳（J）。由焦耳定律可知，只要有电阻存在，电路中就会产生热。由于电阻的大小不同、电路中电流的大小不同，电路中产生的热量也就不一样。

电流的热效应在日常生活、生产和科研中都有广泛应用。根据电流的热效应，人们制成各种电热器，如电热水器、电热封口机、电热鼓风干燥箱、电热恒温培养箱等（见图4-24）。

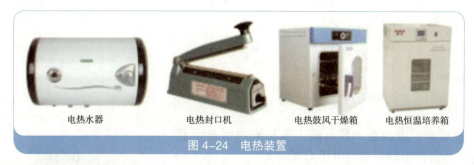

| 电热水器 | 电热封口机 | 电热鼓风干燥箱 | 电热恒温培养箱 |

图 4-24　电热装置

我们知道，电热器使用的时间越长产生的热量就越多，消耗的电能也就越多。在物理学中，把电热器在单位时间内消耗的电能称为**热功率**（Thermal Power）。如果一个电暖器在时间 t 内产生的热量为 Q，那么，它的热功率为

$$P = \frac{Q}{t}$$

由

$$Q = I^2 Rt$$

进而得到

$$P = I^2R$$

电动机、电灯泡的铭牌上都标有它们的额定功率。当电流通过电动机时，电能主要转化为机械能，只有一部分转化成内能，这时电功率大于热功率。而当电流通过电烤箱等纯电阻电路时，电能几乎全部转化成内能，这时电功率等于热功率。

练一练

（1）一个小灯泡两端加上 2.5 V 电压时的电流是 0.3 A，在这种情况下通电 2 min，电流做了多少功？消耗电能是多少？

（2）某台电冰箱的功率为 120 W，每天工作 8 h，一个月用电多少千瓦时（按 30 天计算）？

（3）一台电动机在正常工作时，线圈两端的电压为 380 V，线圈电阻为 2 Ω，线圈中的电流为 10 A。这台电动机正常工作 1 s 消耗的电能是多少？产生的热量是多少？

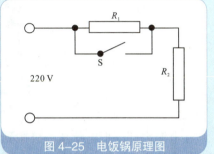

图 4-25　电饭锅原理图

（4）电饭锅工作时有两种状态：一种是加热煮饭状态，另一种是保温状态。图 4-25 为电饭锅电路原理图，R_1 为定值电阻，R_2 为加热丝。

①自动开关 S 闭合和断开时，电饭锅分别处于哪种状态？并说明理由。

②要使加热状态下的加热丝消耗的功率是保温状态下加热丝消耗的功率的 4 倍，电阻 R_1、R_2 的阻值之比应是多少？

4 全电路欧姆定律

在日常生活中，我们有时会遇到这样一些棘手的问题：晚上打开日光灯却不能正常启动；炎热的夏天，需要开空调机却很难启动；当大功率用电器启动时，正常发光的日光灯会突然暗一下……

你想过生活中的这些电学现象产生的原因吗？

电源

电路中导体两端的稳定电压是由电源（Power Source）提供的。

电源接入电路后，自由电荷做定向移动，电源两端的电荷量就会减少。要使电路中有持续的恒定电流，就必须保证电源两极上的电荷量不变。

如图 4-26 所示，你知道人工瀑布为什么会有源源不断的水流下来吗？电源两极上的电荷量又是如何供应不断的呢？

图 4-26　人工瀑布

在电源内部，把电荷从一极搬到另一极，需要依靠非静电力对电荷做功，把其他形式的能转化为电能。可见，电源是把其他形式的能转化为电能的装置。

电池、发电机等都是电源。普通电池把化学能转化为电能，发电机把机械能转化为电能。

电动势

不同类型的电源把其他形式的能量转化为电能的本领是不同的。物理学中用电动势（Electromotive Force）表示电源的这种本领。电动势用 E 表示，它的单位与电压的单位相同，也是伏特。电动势越大，说明这个电源把其他形式的能转化为电能的本领越强。

干电池（见图 4-27）的外面印有 1.5 V 字样，这表示它的电动势为 1.5 V。而大型发电机的电动势可达几十千伏。

图 4-27　干电池

内电阻

电源内部的导体，如发电机的线圈、电池内的物质等都有电阻，这部分电阻称为电源的内电阻（Internal Resistance），用字母 r 表示。

全电路欧姆定律

一个完整的电路通常由电源、用电器、开关、导线等部分组成。开关闭合后，形成电流的闭合回路，称为闭合电路（Closed Circuit），又称为全电路（Whole Circuit）。

为了进一步分析电路，我们将全电路分成两部分：一部分是电源外部的电路，称为外电路（External Circuit），包括开关、导线和用电器等，外电路的电阻叫作外电阻，用 R 表示；另一部分是电源内部的电路，称为内电路（Internal Circuit），如发电机的线圈、电池内的物质等，内电路的电阻称为内电阻，用 r 表示。

●动手做

先用电压表直接测量一节干电池两端的电压，再按照如图 4-28 所示，重新测量该电池两端的电压，你会发现有什么不同？随意移动滑动触头，你又发现了什么？

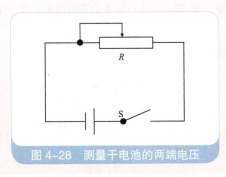

图 4-28　测量干电池的两端电压

结果表明：当滑动变阻器的电阻增大时，电压表的示数增大；当滑动变阻器的电阻减小时，电压表的示数减小。

原来，当电路中有电流通过时，不但在外电路上存在电压 $U_外$，在内电路上也存在电压 $U_内$。在外电路中，电流从电源的正极流向负极；在内电路中，由于电源的作用，电流从电源的负极流向正极。

严格的实验和理论分析都表明，电源的电动势 E 在数值上等于外电阻 R 上的电压 $U_外$ 与内电阻 r 上的电压 $U_内$ 之和，即

$$E = U_外 + U_内$$

由已学过的欧姆定律可知

$$U_外 = IR, \quad U_内 = Ir$$

所以

$$I = \frac{E}{R+r}$$

这就是全电路欧姆定律（Ohm's Law of the Whole Circuit）。

全电路欧姆定律：闭合电路中的电流 I 跟电源的电动势 E 成正比，跟整个电路的总电阻 $R+r$ 成反比。

路端电压

电源两个接线端之间的电压, 也就是外电路两端的电压 $U_{外}$, 又称为**外电压** (External Voltage) 或**路端电压** (Terminal Voltage); $U_{内}$ 是电源内电阻上的电压。这样, 由于内电阻上存在电压, 电源提供给用电器的电压, 在数值上小于它的电动势。

电路中, 消耗电能的元件常常称为**负载** (Load), 当负载变化时, 电路中的电流就会变化, 路端电压也随之变化。

例题2: 电源的电动势为 1.5 V, 外电路的电阻为 4 Ω, 又测得电路中的总电流 I 为 0.3 A, 则电源的内电阻为多少?

分析: 已知电动势和总电流, 可以由全电路欧姆定律求得内、外电路的总电阻, 进而求得电源的内阻。

解: 根据全电路欧姆定律, 有

$$I = \frac{E}{R+r}$$

有

$$R + r = \frac{E}{I} = \frac{1.5\,\text{V}}{0.3\,\text{A}} = 5\,\Omega$$

则

$$r = 1\,\Omega$$

● 观察与发现

汽车发动机起动时, 观察车灯亮度的变化情况; 家里空调启动时, 观察日光灯的亮度变化。你发现了什么?

由全电路欧姆定律分析可得: 当电流减小时, 路端电压增大; 当电流增大时, 路端电压减小。当汽车发动机起动时, 负载增大, 电源中的电流增大, 路端电压随之减小, 车灯会变暗; 当空调启动时, 家庭电路的负载增大, 电流增大, 日光灯上的电压随之降低, 日光灯会瞬间变暗。

当电路断开时, 没有电流, 即 $I = 0$, 这时内电阻上的电压 $U_{内} = 0$。由于 $E = U_{外} + U_{内}$, 所以 $E = U_{外}$, 即电源不接用电器时, 路端电压与电源的电动势相等。因此, 可以用接在电源两端的电压表来直接测量电源的电动势。

由于电压表有内阻, 构成了回路, 电路中有微弱电流, 用电压表只能粗测电源的电动势。电压表内阻越大, 测量结果越精确。

平时, 我们用电压表测得一节电池的两极之间的电压是 1.5 V, 这是电池的路端电压, 我们也可以认为这节电池的电动势是 1.5 V。

● 物理与生活

生活中使用的电池，大多是化学电源，即在电源内部通过化学反应将化学能转化为电能。除了电动势和内阻这两个技术指标外，电池还有一个技术指标：容量（Capacity）。容量的大小常用毫安小时（简称毫安时，符号是 mA·h）或安培小时（简称安时，符号是 A·h）表示（见图 4-29）。电池的容量越大，提供的电能越多，使用的时间越长。例如，某电池的标称容量为 1 000 mA·h，表示它能够以 1 000 mA 的电流放电 1 h，或者以 500 mA 的电流放电 2 h。使用时，如果放电电流比较小，或者是间断地放电，实际容量则比标称容量大些；反之，如果放电电流很大，电池的实际容量则达不到它的标称值。

图 4-29　电池容量

● 广角镜

电　池

1780 年，意大利生物学家伽伐尼在一次偶然的实验中发现，两根相连的不同金属棒同时碰到死青蛙的大腿时，蛙腿的肌肉便抽搐一下。这个意外发现引起了物理学家的关注，他们认为，青蛙的肌肉之所以会抽搐，也许是肌肉中某种液体与金属反应，产生了电流。

意大利物理学家伏特，从 1792 年起就对这一收缩现象产生了浓厚的兴趣，并于 1800 年制成了世界上第一个电池，后人称为伏特电池。

伏特电池是把一块盐水浸透的纸片夹在锌板和铜板中形成的。用电线把两块极板接通，电路中就产生了电流。这种电池的电动势很低，不到 0.5 V，所以，人们把许多电池串联在一起，增大电动势，这就是伏特电堆。

目前常用的电池有以下几种。

干电池

最普通的干电池是碳锌电池（见图 4-30）。它的负极是一个锌或锌合金的圆筒，正极是圆筒中的碳粉和二氧化锰，碳粉与中央的碳棒相连。碳粉和锌筒用糊状的氯化铵、氯化锌水溶液隔开。碳锌电池的电动势在 1.5 V 左右。

图 4-30　碳锌电池

为了获得较高的电压，可以把干电池做成薄片状，叠放起来，装在一个外壳中，成为"积层电池"。多用电表常用积层电池作为电源（见图 4-31）。

目前广泛使用的另一种干电池是碱性电池（见图 4-32）。它的电动势和碳锌电池一样，但是使用的是碱性电解质，化学反应中会释放更多的能量，电池容量比碳锌电池大。

锌汞电池

锌汞电池的电解质是氢氧化钾，负极是锌，正极是氧化汞（见图4-33）。它的体积很小，一般制成纽扣形或圆筒形。这种电池的电压非常稳定，能在较高温度下使用，常用作电子命令与仪表、手表的电源，缺点是含汞，会污染环境。

铅蓄电池

蓄电池是可充电的化学电池，可以反复使用，一般充、放电数百次才报废。

铅蓄电池（见图4-34）的电解液是硫酸，电极是铅板，其表面覆盖着硫酸铅。充电时，由于电化学反应，一个板上的硫酸铅变成二氧化铅，另一个板上的硫酸铅变成铅，分别成为正、负极。它的电动势约为2 V，内阻很小，一般在0.1 Ω以下。

镍镉电池和镍氢电池

这两种电池的外形一样，它们的正极均为氢氧化镍，镍镉电池（见图4-35）的负极为镉，两极用多孔薄膜分开，以氢氧化钾溶液为电解液。放电时，电动势约为1.2 V，镍镉电池的充放电具有记忆特性，也就是说，如果某次没有完全放电就进行充电，那么下次使用时只能放电到这个程度。因此，使用镍镉电池时，要将电池完全放电后再充电。镍镉电池充放电寿命大于500次，由于镉对环境的污染严重，我国正逐步停止使用这种电池。

镍氢电池是新型蓄电池（见图4-36），它以储氢材料作为负极替代镉。镍氢电池的电动势也是1.2 V，充放电时没有记忆特性，存储的能量比镍镉电池高。

锂电池

锂电池由钴酸锂作为正极，碳材料作为负极，正、负极之间是充满电解质的隔膜，锂离子在电解质中运动。锂电池是目前常用蓄电池中能量密度最高的电池，也就是说，当电池的质量一定时，锂电池的容量最大（见图4-37）。

锂电池分为一次性电池和可充电电池两类。目前在胶片相机、计算器等耗电量较低的电子产品中，常使用不可充电的纽扣状或干电池状的一次性锂电池。在摄像机、数码相机、笔记本电脑及移动电话等耗电量较大的电子产品中，则使用可充电的锂电池，它的出现是蓄电池历史上的一次飞跃。

图4-31 积层电池

图4-32 碱性电池

图4-33 锌汞电池

图4-34 蓄电池

图4-35 镍镉电池

图4-36 镍氢电池

图4-37 锂电池

太阳电池

太阳电池又称太阳能电池、光电池（见图4-38），半导体材料硅、砷化镓等在光的照射下会释放电子，利用这个特性，太阳电池可以直接将光能转化为电能，1958年它在人造卫星上首次使用，目前是人造卫星、宇宙飞船和空间站的主要能源之一。近年来，硅太阳电池已经应用于无人灯塔、浮标、山地气象站和地震观测站等处。也有人用太阳电池为轻型飞机和汽车供应动力，但还都处于试验阶段。太阳电池的电动势较小、内阻较大，通常都是很多单元组合使用。

图4-38　太阳能电池

●练一练

（1）（多选）关于电动势，下列说法正确的是（　　　）。

A. 电源电动势等于电源正、负极之间的电压

B. 用电压表直接测量电源两极得到的电压数值，实际上总略小于电源电动势的准确值

C. 电源电动势总等于内、外电路上的电压之和，所以它的数值与外电路的组成有关

D. 电源电动势越大说明电源把其他形式的能转化为电能的本领越大

（2）电源的电动势为 2.0 V，外电阻为 9.0 Ω，路端电压为 1.8 V，求电源的内阻 r。

（3）同学们在日常生活和学习中，使用了哪些不同种类和型号的电池？为什么不同的电器使用不同的电池？如果电子手表停了，修表师傅怎样判断是否需要换电池？到市场上做调查，看看常用的可充电电池（包括手机使用的电池）有哪些种类，并从它们每次充电后可使用的时间、电池寿命、重量、价格、对环境的影响等方面进行比较。

5 安全用电

我们的生产、生活均离不开电，电给我们带来很大的便利。但是，电也会给我们带来很大的危害，有时甚至会危及生命（见图4-39）。因此，安全用电尤其重要。

电路短路失火

手机充电爆炸

图 4-39 不正确用电的案例

 ## 人体触电的类型

一般情况下，电流对人体造成的伤害程度与通过人体电流的大小及持续时间有关。研究表明，当通过人体的电流超过 50 mA 时，人就会呼吸困难、肌肉痉挛、中枢神经遭受损害，从而使心脏停止跳动以致死亡。

电流大小取决于作用到人体上的电压和人体的电阻值。通常情况下，人体的电阻值为 $10^4 \sim 10^5$ Ω；在皮肤潮湿时，人体的电阻可以降低到约 10^3 Ω。当触及 36 V 电源时，通过人体的电流是 45 mA，对人体安全不构成威胁。因此，通常安全电压为 36 V 以下。我国家庭电路的电压是 220 V，工厂的动力电路的电压是 380 V，高压输电线路的电压高达 10~1 100 kV，这些都远远超出了安全电压，一旦发生触电，就会有生命危险。

当人体成为闭合电路的一部分时，就会有电流通过。如果电流达到一定大小，就会发生触电事故。

如图 4-40 所示，当人的一只手接触火线，另一只手虽然没有接触零线，但是由于站在地上，导线、人体、大地和电网中的供电设备就构成了闭合电路，电流会流过人体，发生触电事故，称为单相触电。

如图 4-41 所示，当人的一只手接触火线，另一只手接触零线，这样人体、导线和电网中的供电设备就构成了闭合电路，电流同样会流过人体，发生触电事故，称为两相触电。

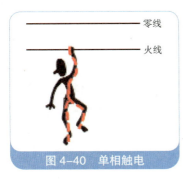

图 4-40　单相触电

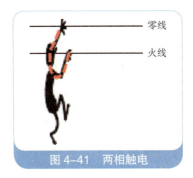

图 4-41　两相触电

如图 4-42 所示，高压输电线路的电压高达几万伏甚至几十万伏，即使不接触也会有危险。高压带电体会在周围形成强大的电场，当人靠得很近时，容易产生电弧触电。

如图 4-43 所示，当高压输电线掉落在地上，电流通过接地处沿着大地向外流散，并在接地点周围地面上产生强大的电场。当人经过这个区域时，两脚之间存在相当高的电压，称作"跨步电压"。这时电流从一条腿流入，另一条腿流出，同样会发生触电事故，称为跨步电压触电。

图 4-42　电弧触电

图 4-43　跨步电压触电

电气火灾的成因

电气火灾是危害性极大的灾难性事故。其特点是火势凶猛、蔓延迅速，既造成人身伤亡，又造成设备、线路及建筑物的重大破坏，还造成大范围、长时间的停电，给人身和财产带来很大的损失。同时，由于存在触电的危险，电气火灾的扑救变得更加困难，所以必须做好电气防火工作。电气设备引起火灾的主要原因如下。

过载

目前，在电气设备中和连接电气设备的导线外层大量使用塑料、橡胶、漆、油、纸、麻、丝、棉的纺织品、树脂和沥青等，它们均为可燃材料。如果设备过载，就会导致电路中电流过大、温升过高，就可能引起火灾（见图4-44）。

◀◀ 短路

图4-44　过载

短路电流会导致部分电路严重发热，造成绝缘材料损坏，致使电气设备遭受破坏，甚至起火燃烧。

此外，电热器具因质量问题或使用不当，可能会烤燃在它附近的可燃物，这是大家所熟知的。例如，用红外取暖器烘烤衣物、用灯泡烘烤棉衣或棉絮、酒精或汽油等易燃物放在电热器旁边等，都可能引起火灾。

安全用电常识

现代生活中，电已经是不可或缺的能源。但触电事故时有发生，给人身安全带来危害。因此"安全用电，性命攸关"。为防止发生触电事故，必须采取以下防护措施。

◀◀ 正确安装用电设备

电气设备要根据说明和要求正确安装，不可马虎。带电部分必须有防护罩或放到不易接触到的高处，以防触电。开关必须安装在火线上，以及合理选择导线与熔体（不可用铁丝或铜丝替代保险丝）。

电气设备的保护接地或保护接零。

把电气设备的金属外壳保护接地（见图4-45）。电气设备采用保护接地以后，即使外壳因绝缘不好而带电，当工作人员碰到外壳时，流过人体的电流也很微小，保证了人身安全。

保护接零就是把电气设备的金属外壳与零线连接起来。这时，如果电气设备的绝缘损坏而导致碰壳，由于零线的电阻很小，所以短路电流很大，立即使电路中的熔体烧断，也可切断电源，从而消除触电危险。

图4-45　电气设备的金属外壳接地

在单相用电设备中，应使用三脚插头和三眼插座（见图4-46），正确的接法应把用电器的外壳用导线接在中间那个插脚上，并通过插座与保护零线或保护接地线相连，口诀是"左零右火上接地"。

使用漏电保护装置。

漏电保护装置的作用主要是防止由漏电引起的触电事故，其次是防止由漏电引起的火灾事故。所以，家庭电路在进入家用电器之前，要先接入闸刀开关和熔断器或接上自动空气开关和漏电保护器（见图4-47）。

图 4-46　三眼插座

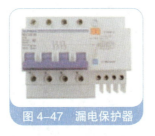

图 4-47　漏电保护器

漏电保护器和空气开关的原理及安装

良好的用电习惯

不要超负荷用电，破旧电源线应及时更换，空调、烤箱、电热水器等大功率用电设备应使用专用线路。

必须安装漏电保护器。保护器动作后，必须查明原因，排除故障后再合上。禁止拆除或绕越漏电保护器。

禁止将接地线接到自来水、煤气管道上。

不能用湿手拔、插电源插头，更不要用湿布擦带电的灯头、开关、插座等。

不要私拉乱接电线，不要随便移动带电设备，不要拉着导线拔插头。

当检查和修理家用电器时，必须先断开电源。

不靠近高压带电体（室外高压线、变压器旁），不接触低压带电体。

家用电器与电源连接，要采用可断开的开关或插头，不可将导线直接插入插座孔。发热电器的周围不能放置易燃、易爆等物品（如煤气、汽油、香蕉水等）。

家用电器或电线发生火灾时，应先断开电源再灭火。

练一练

（1）家庭电路中的电冰箱、电视机、电灯等用电器采用的连接方式是 ____ 联；家庭电路中的火线和零线可以用 _____ 来辨别；家庭电路触电事故都是人体直接或间接接触 ____ 线造成的；带有金属外壳的家用电器都要使用三孔插座，这样做的目的是让金属外壳与 _____ 相连。

（2）随着人民生活水平的提高，居民家里用电器的种类和数目在不断增加，给我们的生活带来方便的同时，也带来安全隐患。下列做法正确的是（　　）。

A. 开关应接在灯和零线之间

B. 用电器的金属外壳不用接地线

C. 在现有的照明电路中，当增加大功率用电器时，只需换上足够粗的保险丝即可

D. 当电路被保险丝装置切断时，要先找到发生事故的原因，排除之后再恢复供电

（3）请根据此节所学内容及生活中见到的实际情况，总结如何防止触电事故的发生。

学生实验四　多用电表的使用

实验目的

（1）了解多用电表的测量项目、量程和表盘刻度线的分布特点。

（2）学习使用多用电表测量电阻、直流电流和电压，在教师的指导下测量交流电压。

实验器材

指针式多用电表 1 个；1 号干电池两节；电池座 1 个；电阻 1 个；小灯泡（2.5 V/0.3 W）1 只；开关 1 只；导线若干；电源插座 1 个。

 准备活动：认识多用电表

在初中的电学实验中，测量电流和电压，要分别使用电流表和电压表。如图 4-48 所示，这种仪表不仅能测量电流和电压，而且能够测量导体的电阻。它有多个不同的量程，因此，它的测量范围比较广泛。这种电表称为**万用电表**，也称为**多用电表**。

图 4-48　指针式多用电表

 **实验原理**

多用电表各部分的名称如图 4-49 所示。使用前，首先要检查表针是否停在刻度盘

左端"0"的位置。如果没有停在"0"的位置，测量时就会产生误差，这时要用螺丝刀缓慢地转动表盘正下方的机械调零螺丝，使指针指 0。然后，将红表笔、黑表笔分别插入正（+）、负（−）插孔。

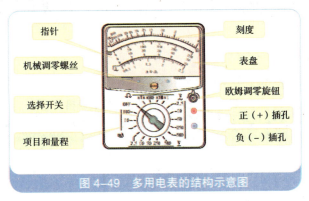

图 4-49　多用电表的结构示意图

 **实验步骤**

测量电阻的阻值

在测量电阻的阻值时，将选择开关旋到合适的欧姆挡，电阻的阻值为指针指示数值 × 倍率。例如，如果选择开关在"×100"挡，表盘的读数是 15，那么被测电阻的阻值就是 $1.5\,k\Omega$。

在测量电阻之前，先把两支表笔直接接触，调整欧姆调零旋钮，使指针指向"$0\,\Omega$"。若改变不同倍率的欧姆挡，则需要重复该项操作。

测量直流电压

在测量直流电压时，将选择开关旋到直流电压挡的某一量程上，注意电流从红表笔（+）流入多用电表，从黑表笔（−）流出。

在使用电压挡测量时，要选择合适的量程。如果待测电流较大而所选量程过小，就会打弯表针，甚至会烧毁表头；如果待测电流较小而所选量程过大，则会影响测量的精确度。如果事先不能估计被测电压的大小，为安全起见，建议从最大量程开始，逐挡试测。

测量直流电流

在测量直流电流时，需要断开原来的电路，把电表接入，让电流流过电表。测量直流电流时要注意电路中电流的方向，接入电表时要使电流从红表笔（+）流入，从黑表笔（−）流出。

◀◀ 测量交流电压

在测量家用电路的电压时，要将量程选择开关旋到交流电压 250 V 挡，把电表的两表笔分别接到电源插座的两个插孔中，注意不能用手接触表笔的金属部分。

◀◀ 记录

将测量数据填在表 4–2 中。

表 4–2　多用电表的使用实验表格

序号	待测电阻 R/Ω	直流电压 U/V	直流电流 I/A	交流电压 U/V
1				
2				
3				

学生实验五　测量电源电动势和内电阻

实验目的

（1）掌握伏安法测量电源电动势和内电阻的实验方法。

（2）培养利用物理知识解决实际问题的科学素养。

实验器材

10 Ω 滑动变阻器 1 只；500 mA 直流电流表 1 只；0~15 V 直流电压表 1 只；1 号干电池 4 节；单刀单掷闸刀开关 1 只。

准备活动：认识电源电动势和内阻

在电路中，正电荷从电源的正极通过导体流向电源的负极，电源中同样存在电荷的移动：电源把正电荷从电源内部的负极搬到正极。不同的电源移动电荷的能力不同，物理学中用电动势来表明电源的这种特性。

电动势用 E 来表示，它的单位是伏特（V），跟电源的体积无关，跟外电路也没有关系。

电源内部由导体组成，同样也有电阻，称为电源的内电阻。

★ 小提示：

手电筒、电动儿童玩具、遥控器等都需要干电池才能工作，干电池为我们的生活带来很多便利。市场上各式各样的干电池型号不一，你知道如何测量一节干电池的电动势和内电阻吗？

电动势和内电阻是电源的两个重要参数。

实验原理

根据全电路欧姆定律 $I = \dfrac{E}{R+r}$，可以设计不同方案，来测量电源电动势 E 和内电阻 r。

方案一

利用电压表和电流表测量电源的电动势 E 和内电阻 r，如图 4–50 所示。

实验中通过改变滑动变阻器的阻值 R，来改变电源两端的电压 U 和电路中的电流 I，由全电路欧姆定律得

$$U = E - Ir$$

测出 U 和 I 的两组数据，就可以得到关于 E 和 r 的两个方程，便可以解出 E 和 r。

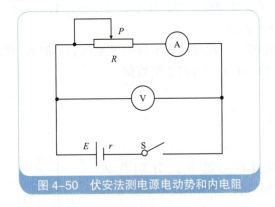

图 4–50　伏安法测电源电动势和内电阻

方案二

利用电压表和电阻箱测量电源的电动势 E 和内电阻 r，如图 4–51 所示。

实验中通过改变电阻箱的阻值 R，来改变电源两端的电压 U，由全电路欧姆定律得

$$E = U + \dfrac{U}{R} r$$

如果能测出 U 和 R 的两组数据，就可以得到关于 E 和 r 的两个方程，便可以解出 E 和 r。

方案三

利用电阻箱和电流表测量电源的电动势 E 和内电阻 r，如图 4–52 所示。

实验中通过改变电阻箱的阻值 R，改变电路中电流 I，由全电路欧姆定律得

$$E = IR + Ir$$

测出 R 和 I 的两组数据，就可以得到关于 E 和 r 的两个方程，便可以解出 E 和 r。

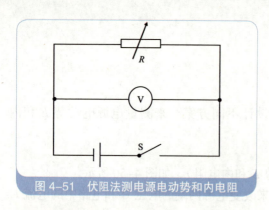

图 4-51　伏阻法测电源电动势和内电阻

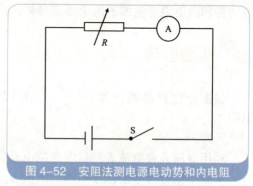

图 4-52　安阻法测电源电动势和内电阻

实验操作（以方案一为例）

（1）按图 4-50 连接好电路。使开关处于断开状态且滑动变阻器的阻值调到最大。

（2）闭合开关，调节滑动变阻器，使电表有明显示数。读出电流表示数 I_1 和电压表示数 U_1，记录到表 4-3 中。

（3）调节滑动变阻器，读出电流表示数 I_2 和电压表示数 U_2 并记录。

（4）重复步骤（3），记录剩余的 3 组数据。

数据分析

方案一

用表格中的两组 U、I 数据，分别代入 $E = U + Ir$，联立方程组可以算出电源电动势 E 和内电阻 r。

这种方案简单易行，但误差可能较大。

方案二

如图 4-53 所示，以 I 为横坐标，U 为纵坐标，建立直角坐标系，根据表中几组 I、U 的测量数据，在坐标系中描点作图。

根据全电路欧姆定律可得 $U = E - Ir$，则纵坐标的截距即为电源电动势 E，图线斜率的绝对值即为内电阻 r 的大小。

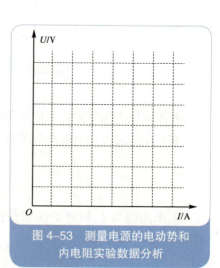

图 4-53　测量电源的电动势和内电阻实验数据分析

表 4-3　测量电源的电动势和内电阻实验表格

序号	电压表示数 U/V	电流表示数 I/A
1		
2		
3		
4		
5		
6		

本单元小结

 知识结构

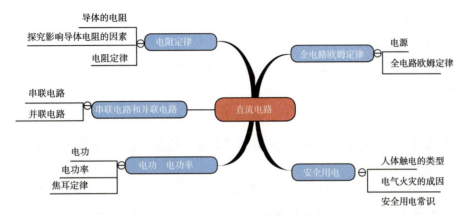

重点知识

1．电阻定律

（1）电阻定律的内容：导体的电阻 R 与它的长度 l 成正比，与它的横截面积 S 成反比，还与导体的材料有关。

（2）表达式：$R = \rho\dfrac{l}{S}$。

2．串联电路和并联电路

1）串联电路的特点

（1）串联电路各处的电流相等：

$$I = I_1 = I_2 = \cdots = I_n$$

（2）串联电路两端的总电压等于各部分电路电压之和：

$$U = U_1 + U_2 + \cdots + U_n$$

（3）串联电路的总电阻等于各部分电路电阻之和：

$$R = R_1 + R_2 + \cdots + R_n$$

（4）串联电路的分压作用。

2）并联电路的特点

（1）并联电路两端的总电流等于各部分电路的电流之和：

$$I = I_1 + I_2 + \cdots + I_n$$

（2）并联电路中各支路两端的电压均相等：

$$U = U_1 = U_2 = \cdots = U_n$$

（3）并联电路总电阻的倒数等于各支路电阻的倒数之和：

$$\frac{1}{R} = \frac{1}{R_1} + \frac{1}{R_2} + \frac{1}{R_3} + \cdots + \frac{1}{R_n}$$

（4）并联电路的分流作用。

3．电功　电功率

（1）电功。电流在一段电路上所做的功 W，跟这段电路两端的电压 U、电路中的电流 I 和通电时间 t 成正比：

$$W = IUt$$

（2）电功率。电流在一段电路做功的功率 P 等于电流 I 与这段电路两端的电压 U 的乘积：

$$P = IU$$

（3）焦耳定律。电流通过导体产生的热量 Q 与电流 I 的二次方成正比，与导体的电阻 R 成正比，与通电时间 t 成正比：

$$Q = I^2 Rt$$

（4）电热功率。电热器在单位时间内消耗的电能称为电热功率：

$$P = I^2 R$$

4．全电路欧姆定律

（1）电源：把其他形式的能转化为电能的装置。

（2）电动势：描述电源把其他形式的能量转化为电能的本领的大小。

（3）全电路欧姆定律：闭合电路中的电流 I 与电源的电动势 E 成正比，与整个电路的总电阻成反比，即

$$I = \frac{E}{R + r}$$

（4）路端电压：电源两个接线端之间的电压，也就是外电路两端的电压，即

$$U_{外} = IR = E - Ir$$

路端电压随电路电流的增大而减小。

5．安全用电

（1）触电的类型：两相触电、单相触电、电弧触电、跨步电压触电。

（2）电气火灾的成因：过载、短路。

（3）安全用电常识：正确安装用电设备，以及良好的用电习惯。

单元检测题

一、填空题

4-1 导体的电阻与＿＿＿＿＿＿成正比，与导体的横截面积成＿＿＿＿＿，还与＿＿＿＿＿有关。

4-2 有两个电阻 R_1、R_2，已知 $\dfrac{R_1}{R_2} = \dfrac{3}{5}$，若它们在电路上串联，则它们的电压之

比 $\dfrac{U_1}{U_2} =$ ＿＿＿＿＿＿；它们的电流之比 $\dfrac{I_1}{I_2} =$ ＿＿＿＿＿＿。

4-3 在闭合电路中，路端电压 $U =$ ＿＿＿＿＿＿。

4-4 a、b、c 是 3 根镍铬合金丝，已知 a、b 长度相同，b 较粗；a、c 粗细相同，c 较短。要求在温度不变的条件下用实验方法研究导体的电阻与其长度和横截面积的关系，请回答下列问题。

（1）按要求完成实验，至少还需要的器材有电流表一个、电源一个、导线若干。

（2）选两根合金丝，可研究导体的电阻跟长度之间的关系。

（3）选两根合金丝，可研究导体的电阻跟横截面积之间的关系。

4-5 只有不超过＿＿＿＿＿的电压才是安全的，电流对人体的危害性与＿＿＿＿＿、＿＿＿＿＿等因素有关。

二、选择题

4-6 某导线长 2 m，它的电阻是 5 Ω，现用拉丝机将它均匀地拉长 1 倍，则它的电阻将（　　）。

A. 大于 5 Ω

B. 等于 5 Ω

C. 小于 5 Ω

D. 不能确定是否变化

4-7 下列能决定导体电阻大小的物理量是（　　）。

A. 导体两端的电压

B. 导体中的电流

C. 导体的材料

D. 导体实际消耗的电功率

4-8 如图 4-54 所示，电源的输出电压不变。当开关 S 闭合时，电流表的示数为 0.8 A。开关 S 断开后，电流表的示数改变了 0.5 A。则 R_1 与 R_2 的阻值之比为　　　（　　）。

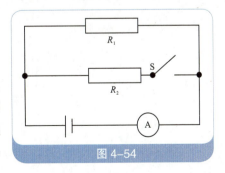

图 4-54

A. 13：5 B. 3：5

C. 5：3 D. 5：13

4-9 关于电功，下面说法正确的是（   ）。

A. 用电器通电的时间越长，电流所做的功越多

B. 通过用电器的电流越大，电流所做的功越多

C. 用电器两端的电压越大，电流所做的功越多

D. 电流做了多少功，就有多少电能转化为其他形式的能

4-10 在照明电路中，下列情况符合安全用电原则的是（   ）。

A. 可以随意搬动亮着的台灯或工作中的电扇

B. 把电路中的电线当成晒衣绳用来披挂湿衣服

C. 不能用潮湿的手触摸家庭电路的开关

D. 发现有人触电时，直接用手把触电者拉开以脱离电源

三、计算题

4-11 如图 4-55 所示一的直流电动机正在提升重物。已知重物质量为 50 kg，电源电压为 110 V 保持不变，电动机线圈的电阻为 4 Ω，不计各处摩擦，当电动机以某一速度匀速向上提升重物时，电路中的电流为 5 A。g 取为 10 N/kg，求：

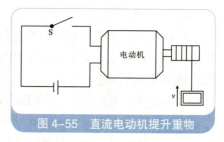

图 4-55 直流电动机提升重物

（1）电源的输出功率；

（2）电动机线圈电阻 R 的发热功率；

（3）电动机的工作效率。

4-12 家用电器在工作时，往往达不到额定的电压和功率。某同学在家中做了如下实验：他首先查看自己家的电能表，表上标有"3 600 r/（kW·h）"字样；随后，他关闭了家中所有的用电器，只让一只标有"220 V/1 210 W"的电水壶盛满水持续工作，与此同时，观察到电能表转盘 3 分钟转过 180 圈。假设电水壶的电阻保持不变，求：

（1）电水壶的电阻；

（2）电水壶工作时的实际电功率；

（3）该同学家的实际电压。

第五单元

电场与磁场　电磁感应

刚梳过干燥头发的梳子能吸起小纸片，冬天的晚上睡觉前脱毛衣的时候能听到"噼啪"的声音，同时还能看到短暂的闪光。

茫茫大海，一望无际，古代远航的船只怎样确定航向，从而顺利抵达目的地？

发电机为什么能发电？变压器是怎样变换电压的？为什么电磁炉没有火焰也可以加热食物？手机无线充电是怎样实现的？

让我们一起走进电磁世界吧！

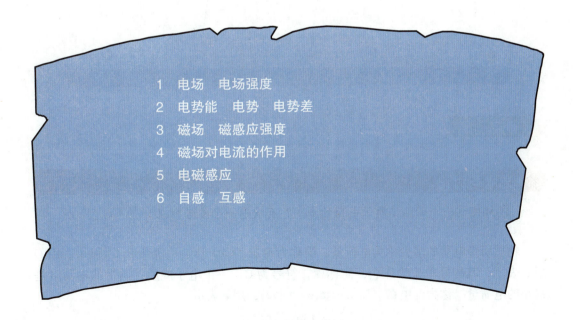

1　电场　电场强度
2　电势能　电势　电势差
3　磁场　磁感应强度
4　磁场对电流的作用
5　电磁感应
6　自感　互感

1 电场 电场强度

刚梳过干燥头发的塑料梳子能吸引轻小的纸屑，它们之间并不需要直接接触就有力的作用，你知道这个力是通过什么作用的吗？带电体之间的作用力的大小与哪些因素有关呢？

电荷

我们通常把带正、负电的粒子称为**电荷**（electric charge），用符号 q 表示。带正电的粒子叫正电荷，用"$+q$"表示；带负电的粒子叫负电荷，用"$-q$"表示。用丝绸摩擦过的玻璃棒带有正电荷，用毛皮摩擦过的橡胶棒带有负电荷。我们把带有电荷的物体称为带电体。

带电体之间有力的相互作用。带有同种电荷的带电体会相互排斥，带有异种电荷的带电体会相互吸引，如图 5-1 所示。

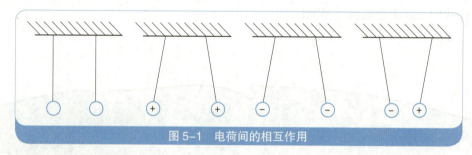

图 5-1 电荷间的相互作用

●电荷量

> **●思考与讨论**
>
> 怎样衡量一个带电体所带电荷的多少？有没有一个参考标准？

物质所带电荷的多少称为电荷量，简称为**电量**（Quantity of Electric Charge）。用 Q 或 q 表示，其国际单位为库仑，简称库，符号为 C。一个电子或质子所带的电荷量是最小的电荷量，称为**元电荷**（Elementary Charge），用 e 表示。

$$e = 1.60 \times 10^{-19} \, \text{C}$$

所有带电体的带电荷量都是元电荷的整数倍。

● 物理趣事

莱顿瓶的发明

据记载，1745 年荷兰莱顿大学的马森布洛克（P. V. Musschenbrock，1696—1761）教授做了这样一个实验：把一支枪管用细线吊起，使用细铜线将摩擦起电机与枪管连接，将枪管的下端用细铜线连接，铜线另一端放入装有水的玻璃瓶中，他让助手握住玻璃瓶，自己用力转动摩擦起电机，这时他的助手不小心把另一只手触近枪管，突然感到了一次强烈的电击，大叫一声。马森布洛克为了验证，就与助手互换了一下，他让助手摇起电机，自己一手握瓶，一手去碰枪管，同样遭到强烈的电击。

通过这个实验他得出结论：通过把带电体放在玻璃瓶内，可以把电荷保存下来。后来，人们把这种能保存电荷的瓶子称为莱顿瓶，如图 5-2 所示。莱顿瓶后来经过多次改进，在玻璃瓶内、外壁分别贴上铝箔，在瓶盖上安装一个金属杆，瓶盖上的金属杆上端装一个金属小球，瓶内金属杆下端用细金属链与瓶内壁铝箔相连，瓶内盛水以增加储存电荷的能力。

图 5-2 莱顿瓶

● 物理与生活

电容器

电容器（见图 5-3）是一种能容纳电荷的器件，是电子设备中广泛使用的电子元件之一。

图 5-3 电容器

电容器储存电荷的原理与莱顿瓶储存电荷的原理相同。一般是在两个具有一定面积的导电极板之间填充绝缘材料制成的，在电极的两端加电之后，电荷就存储在两个电极板上。电容器的两个电极相当于莱顿瓶的内、外壁上贴着的铝箔纸，之间的绝缘材料如同莱顿瓶的玻璃瓶壁。

电容器有多种类型，如图 5-4 所示为电解电容器的内部结构。

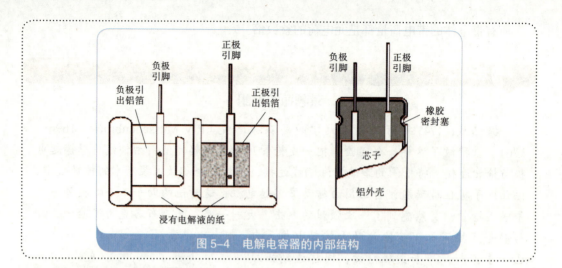

图 5-4　电解电容器的内部结构

●点电荷

在物理学中，当带电体的形状、大小以及电荷分布可以忽略不计时，可将这个带电体看作是一个几何点，我们可以认为它所带电荷量全部集中在这个几何点上。这样的带电体就被称为**点电荷**（Point Charge）。

点电荷是实际带电体的抽象和近似，与前面的质点类似，也是一种理想化模型。当带电体自身的尺寸比带电体之间的距离小得多时我们就可以把这个带电体看作是点电荷。

电场

●思考与讨论

如图 5-5 所示，两个带电的小球之间有力的作用，它们并没有相互接触，那么这个力是通过什么作用的呢？

图 5-5　电场对电荷有力的作用

原来在带电体或电荷的周围，存在一种特殊的物质，我们看不见也摸不着，但是带电体或电荷可以通过它产生相互作用，我们将这种特殊的物质称为电场（Electric Field）。

带电体之间有力的相互作用，如图 5-5 所示。带电体 B 处于带电体 A 的电场中，带电体 B 受到带电体 A 的电场的作用；相反，带电体 A 也处于带电体 B 的电场中，它们之间的力的作用是相互的。我们把带电体之间的相互作用力称为电场力（Electric Field Force），又称为库仑力。

● 观察与发现

如图 5-6 所示，A 点处有一个带正电的小球，把系在绝缘丝线上的带正电的小球先后挂在不同位置，带电小球所受电场力的大小有什么不同？

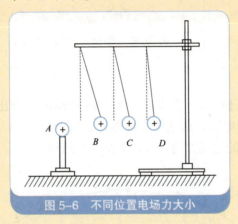

图 5-6 不同位置电场力大小

为了检测 A 点处的带电小球周围电场力的大小，将另一个带电小球放入 A 点处的带电小球激发的电场中。A 点处的带电小球可以视为场源电荷，激发电场中的带点小球称为检验电荷。距离场源电荷远近不同的检验电荷受到电场力的大小不同，距离 A 点较近的 B 点受力较大，距离 A 点较远的 D 点受力较小。

同样，如果保持场源电荷不变，改变检验电荷的电荷量，就可以发现检验电荷带电越多所受到的电场力越大，带电越少所受到的电场力越小。那么，场源电荷在其周围空间激发的电场有什么性质呢？

电场强度

带电体（即场源电荷）周围的电场会对放入其中的电荷有电场力的作用。放入检验电荷的位置以及所带电荷量不同，受到的电场力也不同。所以，不能直接使用检验电荷所受电场力的大小来表示电场的强弱。实验表明，在电场中的同一点，检验电荷带电量越大所受电场力就越大，带电量越小受到的电场力就越小，电场力与检验电荷带电量的比值是不变的。物理学中，放入电场中某点的检验电荷受到的电场力 F 与它

所带电量 q 的比值称为该点的电场强度（Electric Field Intensity）。用符号 E 表示，单位为牛 / 库仑（N/C），即

$$E = \frac{F}{q}$$

电场强度是表示电场中某一点的电场强弱的物理量。它是矢量，不仅有大小还有方向，其方向规定为正电荷在该点所受电场力的方向。

电场强度的大小取决于电场本身，与放入其中的检验电荷无关。

电场线

●思考与讨论

电场是看不见、摸不着的特殊物质，那么我们如何形象、直观地描述带电体周围的电场呢？

为形象、直观地描述电场，法拉第（Michael Faraday）提出利用一簇带有箭头的曲线来描述带电体周围的电场，这些曲线被称为电场线（Electric Field Line）。曲线上每一点的切线方向和该点的电场方向一致，如图 5-7 所示。

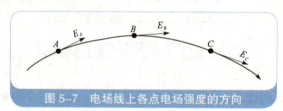

图 5-7　电场线上各点电场强度的方向

电场线具有以下特点（见图 5-8 至图 5-11）。

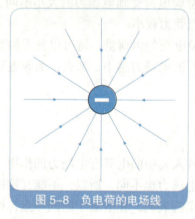

图 5-8　负电荷的电场线

图 5-9　正电荷的电场线

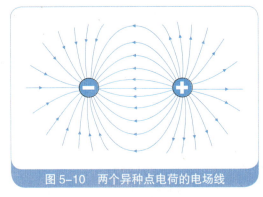

图 5-10 两个异种点电荷的电场线

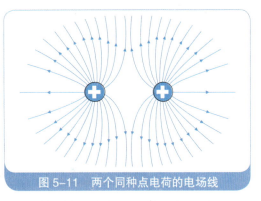

图 5-11 两个同种点电荷的电场线

（1）从正电荷或无限远出发，终止于无限远或负电荷。

（2）电场线不相交、不中断。

（3）在同一幅图中，电场线密集的地方电场强度大，稀疏的地方电场强度小。

（4）电场线是为描述电场而引入的假想曲线，并不是真实存在的。

例题 1：在电场中的某点处放入电荷量为 3.0×10^{-9} C 的带正电的检验电荷，受到的电场力大小为 6.0×10^{-4} N，该点的电场强度是多少？如果将检验电荷的电荷量增大一倍，仍放到该点，则检验电荷受到的电场力是多少？

分析：电场强度为电场本身的性质，其大小和方向只与产生电场的场源电荷的分布有关，而与检验电荷的电荷量无关。即某点的电场强度不会随放入的检验电荷的电荷量的变化而变化。由于某点的电场强度一定，放入其中的电荷的电荷量不同，它受到电场力的大小也会不同。

解：根据电场强度的定义，该点的电场强度为

$$E = \frac{F}{q} = \frac{6.0 \times 10^{-4}}{3.0 \times 10^{-9}} = 2.0 \times 10^{5} \, (\text{N/C})$$

根据电场强度、电场力、电荷量的关系，当检验电荷的电荷量增大一倍后，电荷在该点处的受力为

$$F' = Eq' = 2.0 \times 10^{5} \times 2 \times 3.0 \times 10^{-9} = 1.2 \times 10^{-3} \, (\text{N})$$

◀◀◀ 匀强电场

●思考与讨论

是否存在一种电场，在其中任意位置的电场强度大小都相等、方向也相同呢？

面积相等、互相正对、彼此平行，且间距很小的两块金属板，分别使它们带上电荷量相等的异种电荷，且当电荷在两个金属板上分布均匀时，在两板中间（边缘部位除外）的电场强度大小相等且方向相同，如图 5-12 所示。

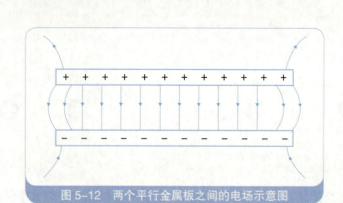

图 5-12 两个平行金属板之间的电场示意图

我们将某区域内各处电场强度大小相等、方向相同的电场称为**匀强电场**（Uniform Electric Field）。匀强电场的电场线疏密相同且彼此平行。

●练一练

（1）如图 5-13 所示的电场中，*A*、*B*、*C* 是该电场中的 3 个点。

①图中哪个点的电场强度最大？

②请在图中画出 3 个点的电场强度方向。

③当在 *A* 点和 *C* 点放入带负电的电荷，在 *B* 点放入带正电的电荷时，请分别画出各电荷在电场中的受力方向。

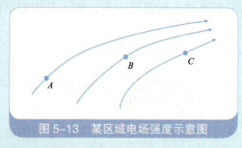

图 5-13 某区域电场强度示意图

（2）电场中某点的电场强度为 $3.6×10^5$ N/C，若在该点处放入电荷量为 $3.0×10^{-9}$ C 的正电荷时，该电荷所受到的电场力是多少？如果把放入的电荷改为负电荷，电荷量不变，则它在该点受的电场力又是多少？两次的受力方向是否相同？

② 电势能 电势 电势差

当一个物体在受力时，如果沿受力方向发生位移，我们就说这个力对物体做了功。既然放入电场中的检验电荷在电场力的作用下发生了位移，电场力是否也对检验电荷做了功呢？这个能量是从哪里来的呢？

 电势能

如图 5-14 所示，在带电体 Q 的电场中，电荷 q 在电场力的作用下，从 A 位置移动到 B 位置，即电荷 q 在电场力方向上发生了位移，电场力对电荷 q 做了功，这表明电场具有能量。

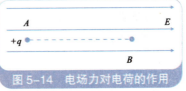

图 5-14 电场力对电荷的作用

电场的这种能量称为电势能（Electric Potential Energy），如同一个被压缩或拉伸的弹簧具有弹性势能一样。

电势能的大小反映了电场力对放入其中的电荷做功的能力，电势能既与电场本身有关，也与放入其中电荷的带电量有关。

实际上，电场力和重力、电势能与重力势能有很多相似的地方。

> **● 思考与讨论**
>
> 物体受重力作用在向低处运动的过程中，我们说是重力对物体做正功，使得物体的重力势能减小。物体在不同的位置所具有的重力势能不同，在高处的物体其重力势能高，在低处的物体其重力势能低。在图 5-14 中：
>
> （1）电场力对带电体做正功，带电体电势能是增大了还是减小了？
>
> （2）根据能量守恒定律，在这个过程中能量又是怎样转化的？
>
> （3）在电场中，带电体的电势能在什么地方大？在什么地方小？

电势

在物理学中，把放在电场中某点的电荷具有的电势能与它的带电量的比值称为该点的电势（Electric Potential），用符号 φ 表示，单位为伏特（V），即

$$\varphi = \frac{E_{\mathrm{P}}}{q}$$

> **● 思考与讨论**
>
> 电势的单位与初中学习的电压的单位相同，那么这里的电势是不是我们以前学习过的电压呢？如何判断电场中两点的电势高低呢？

电势具有相对性，通常认为大地或无穷远处为零电势点。电势是标量，其大小与零电势的选取有关。沿着电场线方向各点电势逐渐降低。

电势差

电场中两点之间的电势之差称为电势差（potential difference），用符号 U 表示，单位为伏特（V）。

电势差与电势零点的选取无关，电场中 A、B 两点的电势分别为 φ_A 和 φ_B，则 AB 之间的电势差为

$$U_{AB} = \varphi_A - \varphi_B$$

匀强电场中电势差与电场强度的关系

如图 5-15 所示，在匀强电场中，两点之间的电势差 U_{AB} 等于电场强度 E 与两点间沿电场线方向的长度 d 的乘积。当 A、B 两点在同一条电场线上时，A 与 B 的距离等于 d，则有

$$U_{AB} = Ed$$

电场强度与电势差的关系为

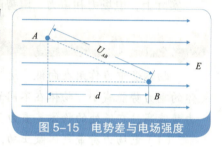

图 5-15　电势差与电场强度

$$E = \frac{U_{AB}}{d}$$

电场强度与电势差的关系表明：在匀强电场中，电场强度在数值上等于沿电场线方向上两点之间的电势差与两点之间距离的比值。

电势差的单位为 V，距离单位为 m，则电场强度的单位为 V/m。它是电场强度的另一个单位，这个单位与前面学过的 N/C 是相同的。

例题 2：如图 5-16 所示，A、B 两块金属板平行正对放置，两板间的距离为 2 cm，将 A、B 两块金属板与电压为 100 V 的电源连接，在 A、B 两板之间将会产生匀强电场，请问电场强度有多大？方向如何？

分析：A 板与电源正极相连，B 板与电源负极相连，在两板上会分别带上等量的异种电荷，A 板带正电荷，B 板带负电荷，在
A、B 两板之间会产生匀强电场，电场强度方向由正电荷指向负电荷，即电场强度方向由 A 板指向 B 板。A、B 两板之间相互隔离，没有电流流过，A、B 之间的电压等于电源电压，根据匀强电场中电场强度与电势差的关系即可求得电场强度。

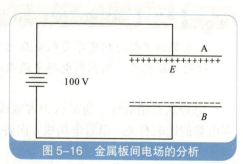

图 5-16　金属板间电场的分析

解：根据匀强电场中电场强度与电势差之间的关系，有

$$E = \frac{U_{AB}}{d} = \frac{100\ \text{V}}{2.0 \times 10^{-2}\ \text{m}} = 5.0 \times 10^{3}\ \text{V/m}$$

A 板接电源正极，*B* 板接电源负极，电场强度方向由 *A* 板指向 *B* 板。

物理与生活

静电除尘

静电感应（Electrostatic Induction）是在外电场的作用下，导体中电荷在导体中重新分布的现象。一个带电的导体与不带电的导体相互靠近时，由于电荷间的相互作用，会使导体内部的电荷重新分布，异种电荷被吸引到带电体附近，而同种电荷被排斥到远离带电导体的一端。静电感应在生产生活中有较多的应用，静电除尘就是典型代表。

为了有效防止雾霾、烟尘对我们的生活带来危害，市场上出现了各种空气净化设备，其中就有一种静电式室内空气净化器，它能有效降低室内有害颗粒物。它与工厂使用的除尘设备原理基本相同，都是通过高压静电场去除灰尘和大气中的有害颗粒物。

如图 5-17 所示就是一种静电空气净化器的工作原理示意图。它利用阳极电晕放电原理使空气电离，其中的负离子向阳极转移，在转移的过程中，与空气中的烟尘颗粒相遇，并使这些颗粒带上负电荷。在电场力的作用下，带负电的粒子会被捕集在集尘装置上，达到除尘净化空气的目的。

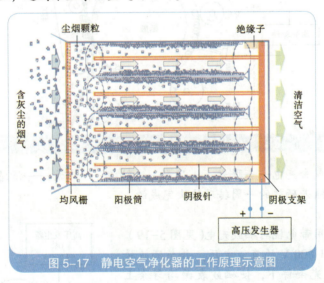

图 5-17　静电空气净化器的工作原理示意图

许多工厂，特别是以煤为主要能源的工厂、电站，每天通过高耸的烟囱向大气中排放大量的烟尘，对周边环境带来严重危害。根据我国环境保护相关法规的规定，这些烟尘在排放前需要进行除尘处理，达到一定标准后才能排放到大气中，以免对环境造成严重污染，其除尘设备也大都利用高压静电。

静电复印机的工作原理

静电复印机——全称"干式静电转印方式复印机",能快速地将图像和文字转印到另一张纸上。其核心部件是一只可以转动的铝辊,其表面被均匀地镀上一层半导体材料硒,因此又称硒鼓,使用时将它接地。硒鼓在无光的条件下为绝缘体,附着在其表面上的电荷可以保持;在有光的条件下是良导体,附着在其表面上的电荷会因铝辊接地而立即转移。

复印机分模拟复印机和数码复印机,其核心部分基本相同。

现代数码复印机其实是一台扫描仪和一台打印机的组合体,其主要功能部件如图5-18所示。通过一组透镜和图像传感器将原稿扫描成相应的图像,经过信号处理后,再将图像复印到另一张纸上。

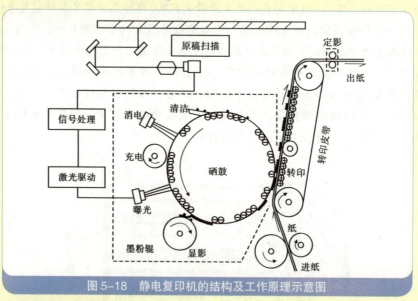

图5-18 静电复印机的结构及工作原理示意图

复印过程包含充电——曝光——显影——转印——定影——清洁——消电等环节,该过程是随着硒鼓的一周转动依次完成的。

1)充电

充电是利用带电辊对硒鼓充电(见图5-19)。带电辊连接 -1 600 V 的直流电压,并与硒鼓紧密接触,在避光条件下,使硒鼓表面均匀涂上一层负电荷。

2)曝光

将原稿的图像信号传送给激光头,由激光头发射激光照射硒鼓表面。由于图像上的不同位置的明暗程度不同,因此硒鼓上不同位置受激光照射也不同,被光照射的部分附着的负电

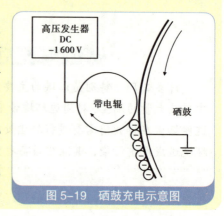

图5-19 硒鼓充电示意图

荷消失，没有被光照射的部分原来的负电荷继续保留，在硒鼓上就形成了一幅与原稿对应的负电荷的静电潜像（见图 5-20）。

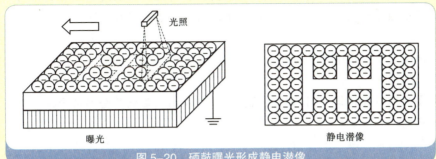

图 5-20 硒鼓曝光形成静电潜像

3）显影

显影磁辊（墨粉辊）与 −550 V 的直流电压相连，将墨粉吸附在其表面，使墨粉带上负电荷，随着墨粉辊转动，将墨粉送至硒鼓附近，在电势差的作用下，带负电荷的墨粉被硒鼓表面无电荷的部分吸附，由于同种电荷互相排斥，原来硒鼓上带有负电荷的部位不会吸引带负电的墨粉，因此，在硒鼓上的静电潜像由于吸附墨粉而形成了可见的墨粉图像（见图 5-21）。

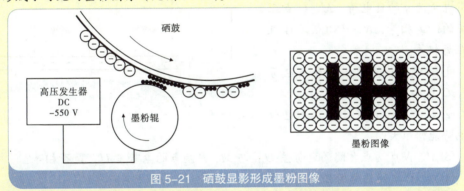

图 5-21 硒鼓显影形成墨粉图像

4）转印

将硒鼓上形成的墨粉图像转印到复印纸上。由送纸器将复印纸沿转印皮带送至感光鼓附近，因转印皮带上连接有 +3 500 V 直流电压，使其表面带有正电荷，在送纸的过程中会使复印纸背面均匀地带上正电荷，复印纸被送到硒鼓表面附近，硒鼓上带负电荷的墨粉就被复印纸上的正电荷吸引而转移到纸面上，就在纸面上形成墨粉图像，完成转印过程（见图 5-22）。

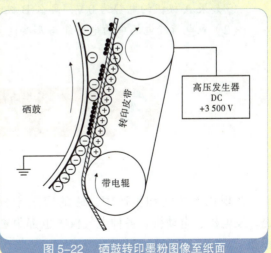

图 5-22 硒鼓转印墨粉图像至纸面

5）定影

转印到纸面上的墨粉图像是很容易脱落的，定影是在温度和压力的作用下使纸面上的墨粉颗粒融化、渗透到纸的纤维里，从而形成牢固的图像。

6）清洁

将硒鼓表面上残留的墨粉或杂质去除。

7）消电

用发光二极管持续照射硒鼓表面，使硒鼓表面的负电荷全部清除掉，避免影像下一次充电。

练一练

（1）如图5-23所示，A、B两平行板之间相距5 cm，两板之间的电压为100 V，M、N、O、P是该电场中的4个点，在M、N两点放置带电量为q的正电荷，O、P两点放置带电量为q的负电荷，M、O点距A板的距离相等，N、P两点距B板的距离相等。

①图中M、N两点中哪点电势高？O点和P点哪点电势高？

②图中N和P点处的两个电荷的电势能哪个大？

③M、N点两点之间的电势差U_{MN}与M、P两点的电势差U_{MP}是否相等？

④A、B之间的电场强度是多少？

⑤如果A极板的电势为0 V，那么B极板的电势是多少？

（2）点电荷在电场中的电势能与哪些因素有关？

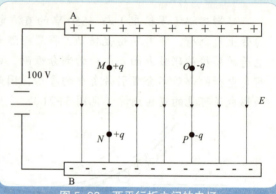

图5-23 两平行板之间的电场

3 磁场　磁感应强度

在现代的生活和生产中，磁的应用十分广泛，手机、电视、计算机都离不开磁，发电机、电动机、各种电气仪表也都跟磁有关。凡是用到电的地方，几乎都有磁相随。

磁场

我们把具有磁性的物体称为磁体，如图 5-24 所示为最常见的磁体——磁铁，一个磁体具有两个磁极——北极（N 极）和南极（S 极）。

磁极间有力的作用：同名磁极相互排斥；异名磁极相互吸引。

磁体周围存在一种特殊的物质，称为**磁场**（Magnetic Field）。磁极间的相互作用是通过磁场发生的，通常把磁极间的作用力称为**磁场力**（Magnetic Field Force）。

磁极间的相互作用表明磁场不仅有强弱而且有方向。

图 5-24 磁铁

• 物理与生活

日常生活中磁的应用很广泛，比如，在房门背后安上"门吸"，能将房门保持在开启状态；将螺丝刀制成磁性刀头，在安装和拆卸小螺丝时，小螺丝就不会轻易掉落。想一想，我们的日常生活中，还有什么地方用到了磁？

◀◀ 磁感线

为形象描述磁体周围的磁场，法拉第提出了与描述电场线类似的方法来描述磁体周围的磁场，即用一簇带箭头的曲线来描述。某点磁场的方向即为该点的切线方向，如图 5-25 所示。

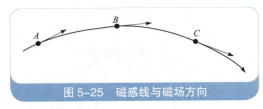

图 5-25 磁感线与磁场方向

这些用来形象描述磁体周围各点的磁场方向的曲线称为**磁感线**（Magnetic Induction Line）。

• 观察与发现

条形磁铁周围的小磁针

如图 5-26 所示，在一个条形磁铁的周围放上小磁针，仔细观察，看看每个小磁针的指向有什么特别之处？

如图 5-26 所示，从小磁针的指向可见：磁体周围的不同位置磁场方向并不相同；空间各点的磁场方向与磁感线上该点的切线方向一致。

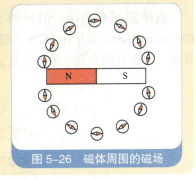

图 5-26 磁体周围的磁场

在一个条形磁铁的上方水平放置一张玻璃板，在玻璃板的上面均匀地撒上一层薄薄的细铁屑，轻轻敲击玻璃板，你会发现玻璃板上的细铁屑会排列成很规则的曲线形状，如图 5-27 所示。想一想，为什么？

图 5-27　马蹄形磁铁与细铁屑的作用

可以看到，铁屑在磁极附近密集排列，其他部位较稀疏；在其周围排列成一系列类似弧线的规则形状。

实验表明：磁极处磁场最强，所以在磁极附近磁感线最密集；磁体的中间磁场较弱，所以磁感线稀疏。因此，常用磁感线条数的多少和疏密程度来形象描述磁场的强弱。

磁感线具有以下特点：（1）磁体外部磁感线总是从 N 极出发，进入 S 极；（2）磁感线在磁体周围空间中互不相交。条形磁铁外部的磁感线如图 5-28 所示，马蹄形磁铁的外部磁感线如图 5-29 所示。

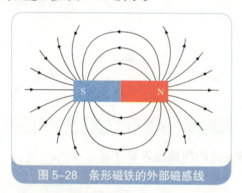

图 5-28　条形磁铁的外部磁感线

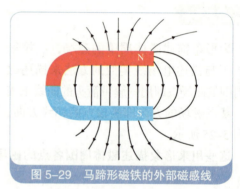

图 5-29　马蹄形磁铁的外部磁感线

电流的磁场

磁体周围有磁场，但磁体不是磁场唯一的来源。丹麦物理学家奥斯特（Hans Christian Oersted）早在 1820 年就发现，在一个静止的小磁针上方，放置一个通电的直导线，小磁针便会发生偏转，这说明电流也能产生磁场，如图 5-30 所示。

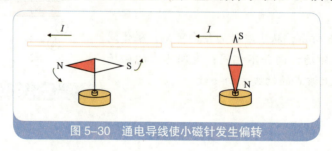

图 5-30　通电导线使小磁针发生偏转

观察与发现

通电直导线周围的磁场

如图 5-31 所示，将一根直导线竖直穿过一个水平的硬纸板，在纸板上放几个小磁针，然后给导线通入向上的电流，看看小磁针的指向如何？改变电流的方向，小磁针的指向又会发生怎样的变化？

若在纸板上均匀地撒上一些细铁屑，然后轻敲纸板，观察细铁屑最后静止时在通电导线周围会排列成什么样的形状？

图 5-31　通电直导线周围的磁场

通电导线周围的小磁针，在纸板上以导线为中心，沿逆时针指向排列。如果改变电流的方向，小磁针的 N 极指向将反转，即都指向顺时针方向；通电导线周围的细铁屑会排列成同心圆状。

安培定则

法国物理学家安培（Ampere）通过实验发现，通电直导线的磁感线是一些在与导线垂直的平面上，并以导线上各点为中心的同心圆。磁感线的方向与电流的方向密切相关，可用安培定则来判定（见图 5-32）。

安培定则：用右手握住导线，伸开大拇指，并使大拇指指向导线上的电流方向，4 个手指弯曲的方向就是磁感线的绕行方向。安培定则也称为右手螺旋定则。

环形电流既可以看成是通电直导线弯曲而成，也可以看成是只有一匝的通电螺线管。在使用右手螺旋定则判定它的磁场时，拇指所指方向是环形电流内部轴线上的磁场方向（见图 5-33）。

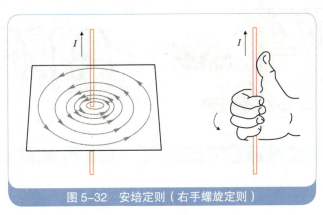

图 5-32　安培定则（右手螺旋定则）

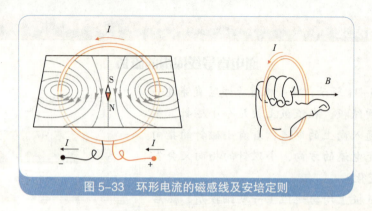

图 5-33　环形电流的磁感线及安培定则

观察与发现

通电螺线管周围的磁场

如图 5-34（a）所示，将一根导线弯曲成螺旋状，形成一个螺线管，穿过水平放置的纸板，使螺旋线圈一半在纸板上方，一半在纸板下方。在纸板上放置几个小磁针，给螺线管通电，观察小磁针指示的方向。改变电流的方向，看看小磁针 N 极所指的方向有什么变化？

通电螺线管周围形成的磁场如图 5-34（b）所示，它与一个条形磁铁周围的磁场相似，其两端相当于条形磁铁的两个磁极。

通电螺线管的磁场方向可用安培定则判定：右手握住螺线管，且四指弯曲的方向与电流方向一致，伸直大拇指的指向即为通电螺线管的 N 极。通电螺线管外部磁感线由 N 极指向 S 极，其内部磁感线由 S 极指向 N 极，形成闭合的曲线。如图 5-35所示。

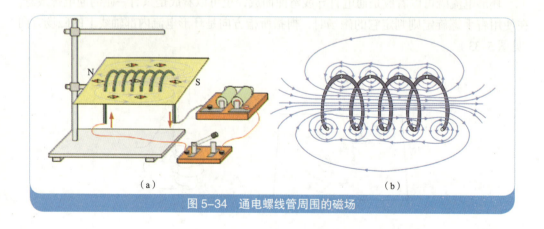

（a）　　　　　　　　　　　　　　　　　　（b）

图 5-34　通电螺线管周围的磁场

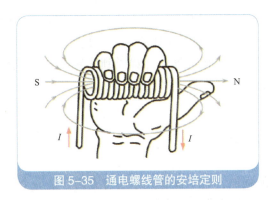

图 5-35 通电螺线管的安培定则

物理与生活

继电器的工作原理

在自动控制中，常见到利用低压电路控制高压电路的情形，如图 5-36（a）所示的继电器就是一种能实现上述功能的器件，其内部有一个多匝的线圈，在通电的情况下能产生磁场，吸合或释放与动触点相连接的衔铁块，控制外电路的通断。

如图 5-36（b）所示是一个利用继电器控制路灯的电路。低压电源 U_1 经光敏电阻、继电器的线圈形成导电回路。白天光线较强时光敏电阻的阻值减小，流过继电器线圈的电流增大，产生较强磁场，吸引与动触点相连的衔铁块，使动触点分离，从而自动断开路灯的高压电路，路灯熄灭；夜晚光线较暗，光敏电阻的阻值变大，流过继电器的电流很小，不能产生较强的磁场，不能有效吸合衔铁，动触点在弹簧的拉力作用下接合，路灯被点亮。

图 5-36 继电器与继电器自动控制电路

（a）继电器；（b）继电器自动电路

磁感应强度

不同的磁体能吸起的物体大小不同，这表明磁场也有强弱之分。

实验发现，在磁场中的某点处放入一段通电的导线，并将导线与磁场方向垂直，此时,磁场对通电导线的作用力 F 与电流 I 和通电导线的长度 l 的乘积成正比，而 F 与 I、

l 两者乘积的比值恒定不变。但在磁场中不同的位置，这个比值一般不同。这表明这个比值是一个与磁场中位置有关的物理量，它反映了磁场的一种力的性质。

物理学中，把磁场中某点垂直于磁场方向的通电导线受到的磁场力与电流 I 和导线长度 l 的乘积的比值定义为该点处的**磁感应强度**（Magnetic Flux Density），单位为特斯拉，简称为特（T），即

$$B = \frac{F}{Il}$$

磁感应强度的大小反映了磁场的强弱，它不仅有大小还有方向，是一个矢量。磁场中某点的磁感应强度的方向就是该点磁感线的切线方向。

◀◀◀ 匀强磁场

如果磁场中某个区域的磁感应强度大小相等、方向相同，那么这个区域的磁场就被称为**匀强磁场**（Uniform Magnetic Field）。匀强磁场是一个理想化的物理模型。

在两个距离很近的异名磁极之间的磁场，边缘部分除外，可以视为匀强磁场，如图 5-37 所示。

 **磁通量**

图 5-37　匀强磁场示意图

如图 5-38 所示，在磁感应强度为 B 的磁场中，有一个与磁场方向垂直的平面，面积为 S，我们把磁感应强度与面积的乘积称为穿过这个面积的**磁通量**（Magnetic Flux），用符号 Φ 表示，单位为韦伯，简称韦（Wb），即

$$\Phi = BS$$

磁通量具有以下特点：

（1）磁通量是标量。

（2）当平面与磁场方向垂直时，穿过该面的磁通量最大。

（3）当平面与磁场方向平行时，穿过该面的磁通量最小，数值为零。

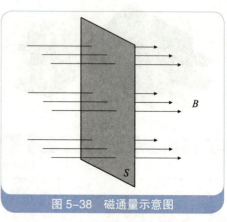

图 5-38　磁通量示意图

例题 3：一个匀强磁场的磁感应强度为 0.5 T，在该磁场中，有一个面积为 0.01 m² 的圆形线圈，当线圈的平面与磁场方向垂直或平行时穿过该线圈的磁通量各是多少？

解：当线圈平面与磁场方向垂直时，穿过线圈的磁通量为

$$\Phi = BS = 0.5 \times 0.01(\text{Wb}) = 5.0 \times 10^{-3}(\text{Wb})$$

当线圈平面与磁场方向平行时，穿过线圈的磁通量为零。

● 物理趣事

奥斯特的小磁针实验

在很多教科书中都这样写道：1820 年 4 月，丹麦物理学家奥斯特在一次关于电和磁的演讲中，无意间将通电的导线靠近了小磁针，突然发现小磁针转动了方向。这个现象并没有引起在场其他人的注意，而奥斯特非常激动，紧紧抓住这一现象，在接下来的 3 个月中深入地研究，反复做了几十次实验。终于在 1820 年 7 月 21 日发表了题为《关于磁针上的电流碰撞的实验》的论文，详细阐述了他的实验装置和结果。

其实，奥斯特的发现并不是偶然的，他早在 1812 年便有了电与磁之间是统一的想法，只是在 1820 年春天的一次讲座上当众展示两者的关系，并获得了成功，奥斯特本人也曾说他在之后的 3 个月并没有做更进一步的实验，直到 7 月份才再度进行深入的实验研究，并发表了那篇论文。

奥斯特的实验证明了电和磁之间存在着密切的联系。

● 广角镜

电磁铁

通电螺线管产生的磁场与一个条形磁铁类似。为了增强其磁感应强度，可以在螺线管内部加入铁芯，这是由于铁芯在螺线管的磁场中容易被磁化，磁化后的铁芯也是一个新的磁体，两个磁体的磁场叠加在一起就能使原来的磁场增强。习惯上把加入铁芯后的螺线管称为电磁铁。由于铁芯容易被磁化，在断电后其磁性也容易失去，所以，可以通过控制通入电磁铁线圈中的电流来使铁芯磁化或使其磁性消失；电磁铁磁性的强弱可以通过改变线圈的匝数和改变电流的大小来控制。

电磁铁在科技工业、生产和生活中都有非常广泛的应用，如电磁继电器、电磁式电铃、实验室用的打点计时器、在工业上用的电磁起重机（见图 5-39）和交通上用的磁悬浮列车（见图 5-40）等。

图 5-39 电磁起重机

图 5-40 磁悬浮列车

● 练一练

（1）请举例说明你生活中常见的利用磁体磁性的器具，并简述它们是怎样利用磁性来工作的？

（2）在一个磁感应强度为 0.02 T 的匀强磁场中，有一个金属圆环，它的半径为 0.03 m，当环面与磁场方向垂直时，通过环面的磁通量是多少？

（3）一根长度为 10 cm 的金属棒，放入匀强磁场中，其方向与磁场方向垂直，给它接通电源，当流过它的电流强度为 2.0 A 时，所受的磁场力为 1.5×10^{-5}N，这个匀强磁场的磁感应强度是多少？

（4）请在图 5-41 中标出各个小磁针静止时的 N 极。

（5）图 5-42 为某磁场的磁感线分布图，试比较在 A、B、C 3 点的磁感应强度的大小，并画出各点的磁感应强度的方向。

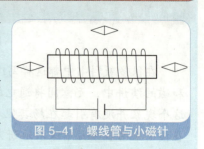

图 5-41　螺线管与小磁针

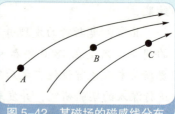

图 5-42　某磁场的磁感线分布

4 磁场对电流的作用

在日常生活中，我们会用到电风扇、洗衣机等家用电器（见图 5-43）以及一些电动玩具，在它们内部都装有一个电机（见图 5-43），在接通电源后就会转动，你知道电机为什么会转动吗？

图 5-43　几种电器

● 观察与发现

磁场对通电直导线的作用

如图 5-44 所示，将一条细铜棒 CD 水平放在金属导轨 AB 上，在导轨中间放一个马蹄形磁铁，并使 N 极在上、S 极在下，给金属导轨 *AB* 通电，可以看到铜棒由静止状态向左侧滚动。若改变电流的方向和电流大小，观察铜棒 *CD* 又将如何运动。

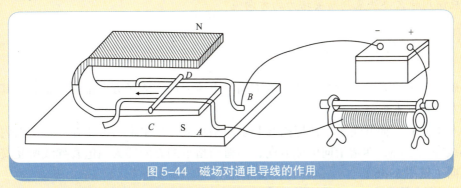

图 5-44　磁场对通电导线的作用

结论：通电导线在磁场中会受到磁场力的作用。

法国物理学家安培在研究磁场与电流的相互作用方面做出了巨大贡献，为纪念他，人们将磁场对电流的作用力称为安培力。

 **安培定律**

实验表明，一段导线在匀强磁场中当导线与磁场方向垂直时，所受的安培力为

$$F=BIl$$

其中，B 为匀强磁场的磁感应强度（T）；I 是导线中的电流（A）；l 为导线在磁场中的有效长度（m）；F 为导线所受的安培力（N）。

安培定律：在匀强磁场中，当导线和磁场垂直时，磁场对通电直导线的安培力的大小等于电流强度、导线的有效长度、磁感应强度的乘积。

根据安培定律，当通电直导线与磁场不垂直时，它受的安培力将减小；当直导线与磁场方向平行时，导线不受安培力的作用，如图 5-45 所示。

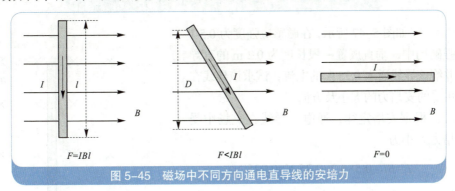

图 5-45　磁场中不同方向通电直导线的安培力

• 思考与讨论

我们知道磁场对电流有力的作用，你知道安培力的方向与哪些因素有关吗？我们应该用什么办法来判断安培力的方向呢？

左手定则

磁场中通电直导线所受安培力的方向与电流方向、磁场方向都相互垂直，其方向可用左手定则来判定。

左手定则：伸开左手，使拇指与其余四指垂直，且手掌与五指在一个平面内。让磁感线穿入手心，四指指向电流方向，则拇指指示的方向即为通电直导线所受安培力的方向（见图5-46）。

★ 小提示：

判断通电导线在磁场中受力方向用左手定则，简记为：电受力，用左手。

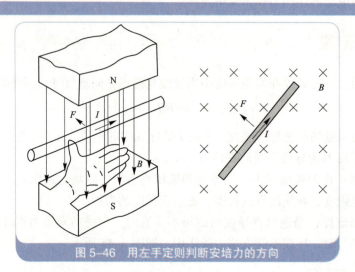

图5-46　用左手定则判断安培力的方向

例题 4： 如图5-47所示，在磁感应强度为0.5 T的匀强磁场中，垂直放置一根长度为0.2 m的直导线，并给该导线通入0.25 A的电流，试求该导线在磁场中受的安培力的大小及方向。

解： 根据安培定律，通电直导线在磁场中受的安培力大小为

$$F=BIl=0.5×0.2×0.25 \ N=0.025 \ N$$

根据左手定则，通电直导线所受安培力垂直导线，在纸面上且指向导线的左侧。

图5-47　通电直导线在磁场中

•动手做

自制简易电动机

用直径为 0.5 mm 的漆包线绕 10 圈左右，制成一个多匝线圈，并将线圈一端的漆皮完全刮去，另一端的漆皮只刮去一半。把两个曲别针分别掰直一边，竖直插在橡皮泥上，将线圈架在两个曲别针形成的支架上，将一块圆形的磁铁固定在线圈的正下方，用导线将两个曲别针接上电源（电池），如图 5-48 所示。用手轻轻拨动一下线圈，线圈就会不停地旋转起来。断开电路，待线圈停下来后，再通电并向反方向拨动线圈，观察线圈又会怎样。

自制简易电动机

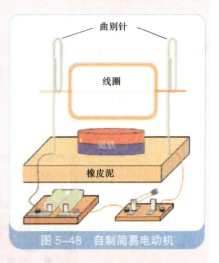

图 5-48 自制简易电动机

•练一练

（1）如图 5-49 所示，一根通电直导线处于匀强磁场中，直导线与磁场方向垂直，请根据图中已经标出的两个物理量的方向，标出另一个物理量的方向。

（2）将一个通有 5.0 A 电流的直导线放入磁感应强度为 0.1 T 的匀强磁场中，导线与磁场方向垂直，且导线在磁场中的长度为 20 cm，算一算导线所受的安培力有多大。

图 5-49 磁场中的通电直导线

5 电磁感应

在前一节的学习中，我们知道电流能产生磁场，反过来，利用磁场能不能产生电流呢？早在 1831 年，英国物理学家法拉第就研究了这个问题，并成功地利用磁场获得了电流。这为人们更为便利、广泛地使用电能奠定了基础。

电磁感应现象

闭合回路一部分切割磁感线

如图 5-50 所示，让直导线在磁场中做切割磁感线运动，观察电流表的指针有什么变化？

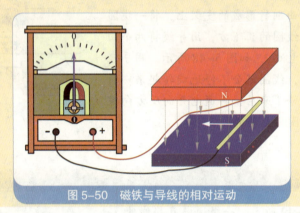

图 5-50　磁铁与导线的相对运动

可以发现，电流表的指针会发生偏转，这表明闭合回路中有电流通过。让闭合电路的一部分在匀强磁场中做切割磁感线运动，就可以在回路中产生电流。这个过程中，磁感应强度并没有发生变化，只是闭合回路的面积发生了变化，闭合回路中便有电流产生。

闭合线圈与磁铁间的相对运动

如图 5-51 所示，将一个条形磁铁快速插入一个螺线管中或从螺线管中快速抽出，观察电流表的指针有什么变化？

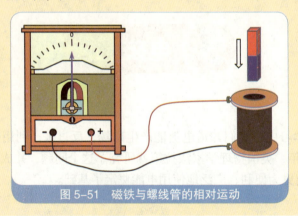

图 5-51　磁铁与螺线管的相对运动

电流表的指针发生偏转，这表明闭合回路中有电流通过。当在闭合线圈中插入磁铁时，闭合回路的面积并没有变化，只是线圈中的磁感应强度发生了变化，闭合回路中也会有电流产生。如图 5-52 所示，将条形磁铁换成一个通电线圈，重复上述实验，也会看到相同的现象。

图 5-52　通电线圈与螺线管的相对运动

若将小线圈放入大线圈内部，还能观察到电流表指针的偏转。当小线圈在大线圈内部保持相对静止时，如果闭合或断开开关，那么在通断的瞬间也会有电流表指针发生偏转的现象出现。

上面的实验表明，可以利用磁场产生电流。我们把利用磁场产生电流的现象称为电磁感应现象（Electromagnetic Induction），产生的电流称为**感应电流**（Induced Current）。

●思考与讨论

闭合回路的面积或磁感应强度变化都能产生感应电流；而闭合回路的面积和磁感应强度的乘积为磁通量，改变其中任何一个量，磁通量都将发生改变，那么感应电流的产生是不是和磁通量变化有关呢？

大量实验事实表明：只要穿过闭合回路的磁通量发生变化，闭合电路中就有感应电流产生。

●物理趣事

电磁感应现象的发现

在 1821 年，奥斯特实验一年后，法拉第在撰写电磁学研究概况时，对电磁现象产生了极大的兴趣。通过分析总结电流的磁效应，法拉第于 1822 年提出了自己的设想："磁能转化为电"。

法拉第经过近十年的努力，在 1831 年 8 月，他把两个线圈绕在一个铁环上，如图 5-53 所示。线圈 A 接直流电源，线圈 B 接电流表（当时还没有电流表，法拉第使用的是闭合回路，并在其中一段导线旁放置一个小磁针，法拉第是通过观察小磁针的偏转来判断回路中是否有电流）。

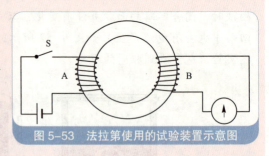

图 5-53　法拉第使用的试验装置示意图

　　他发现，在线圈 A 的电路接通或断开的瞬间，线圈 B 中能产生瞬时电流，并且发现铁环并不是必需的。去掉铁环，再做这个试验，上述现象仍然发生，只是线圈 B 中的电流弱些。为了透彻地研究电磁感应现象，法拉第做了许多试验。

　　1831 年 11 月 24 日，在法拉第向皇家学会提交的一份报告中，他把这种现象定名为"电磁感应现象"，并概括了可以产生感应电流的 5 种类型：变化的电流、变化的磁场、运动的恒定电流、运动的磁铁、在磁场中运动的导体。法拉第之所以能够取得这一卓越成就，是同他的关于各种自然力的统一和转化的思想密切相关的。正是这种对于自然界各种现象普遍联系的坚强信念，支持着法拉第始终不渝地为在试验上证实磁向电的转化而探索。这一发现进一步揭示了电与磁的内在联系，为建立完整的电磁理论奠定了坚实的基础。

右手定则

　　闭合回路中部分导体切割磁感线，产生的感应电流方向可以用右手定则来判定，如图 5-54 所示。

　　右手定则：伸开右手，使大拇指与其余四指垂直，且都与手掌在一个平面内，让磁感线穿入手心，使拇指指向导线运动的方向，则四指所指的方向就是感应电流的方向。

 ## 法拉第电磁感应定律

　　在电磁感应现象中，闭合回路中产生了感应电流，说明回路中一定有电动势。断开闭合回路，没有感应电流，但感应电动势依然存在。我们把这种由于电磁感应现象产生的电动势称为感应电动势（Induced Electromotive Force）。

　　产生感应电动势的那部分导体或线圈相当于电源。

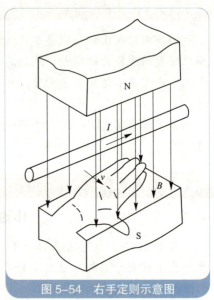

图 5-54　右手定则示意图

• 思考与讨论

在用导体切割磁感线时，切割的速度越快，磁场越强，产生的感应电动势越大，在导体中的感应电流也越大；在向线圈中插入磁铁时，磁铁的磁性越强，插入的速度越快，产生的感应电流越大，说明产生的感应电动势也越大。感应电动势的大小与哪些因素有关呢？

实验证明：电路中感应电动势的大小，与穿过这一电路的磁通量的变化快慢（即变化率）成正比，这就是法拉第电磁感应定律。用公式表示为

$$E = \frac{\Delta\Phi}{\Delta t} \qquad (5-1)$$

式中，$\Delta\Phi$ 为磁通量的改变量；Δt 为时间间隔；E 为感应电动势。它们的单位分别是 Wb、s、V。

式（5-1）表示单匝线圈中的感应电动势；当线圈为 n 匝时，产生的感应电动势为单匝线圈的 n 倍，即

$$E = n\frac{\Delta\Phi}{\Delta t}$$

例题 5：在一个磁感应强度为 0.02 T 的匀强磁场中，放入一个截面积为 0.001 m^2 的多匝线圈，线圈匝数为 500，在 0.1 s 内将该线圈平面从平行磁感线的方向变为垂直磁感线的方向。求在线圈中产生的感应电动势的大小。

解：当线圈平面与磁感线平行时，穿过线圈的磁通量为

$$\Phi = 0$$

当线圈变为与磁感线垂直时，穿过线圈的磁通量为

$$\Phi_2 = BS = 0.02 \times 0.001 \text{ Wb} = 2 \times 10^{-5} \text{ Wb}$$

在 0.1 s 内磁通量的变化量为

$$\Delta\Phi = \Phi_2 - \Phi_1 = 2 \times 10^{-5} \text{ Wb}$$

由法拉第电磁感应定律，得

$$E = n\frac{\Delta\Phi}{\Delta t} = 500 \times \frac{2 \times 10^{-5}}{0.1} = 0.1 \text{ V} \qquad (5-2)$$

即线圈中产生的感应电动势为 0.1 V。

> ★ 小提示：
>
> 电磁感应可以理解为由于闭合回路中的磁通量发生变化而产生了感应电流，判断感应电流的方向用右手，简记为：磁生电，用右手。

切割磁感线时的电动势

匀强磁场中导线切割磁感线时产生的感应电动势的大小也可以由式（5-2）推导得出。

如图 5-55 所示，设单根直导线的运动速度为 v，则在时间 Δt 内移动的距离为

$$d = v\Delta t$$

在时间 Δt 内，闭合回路的面积增加量为

$$\Delta S = lv\Delta t$$

在时间 Δt 内，闭合回路的磁通量的改变量为

$$\Delta \Phi = B\Delta S$$

根据法拉第电磁感应定律有

$$E = \frac{\Delta \Phi}{\Delta t} = B\frac{\Delta S}{\Delta t} \times \frac{Blv\Delta t}{\Delta t} = Blv$$

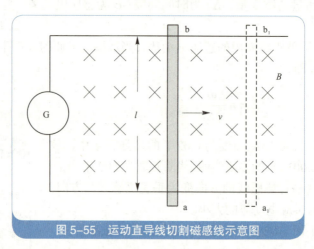

图 5-55　运动直导线切割磁感线示意图

结论：在匀强磁场中，当直导线垂直切割磁感线时，感应电动势的大小与磁感应强度、导体在磁场中的有效长度及其运动速度成正比。

物理与科技

交流发电机的工作原理

如图 5-56（a）所示为交流发电机的结构示意图。线圈的 AB 边连接金属滑环 E，CD 边连接金属滑环 F，并分别由两个电刷引出。线圈可绕轴转动，并处于匀强磁场中。线圈绕轴转动时可以通过滑环和电刷与外电路保持连接。当线圈在外力作用下绕轴旋转时，线圈的 AB 边和 CD 边均切割磁感线，通过线圈的磁通量不断发生变化，从而在线圈中产生感应电动势，这就是交流发电机的工作原理。

由于线圈的周期性转动，通过线圈的磁通量的变化率随着线圈的周期性转动而发生周期性的变化，所以，感应电动势的大小也随之发生周期性的变化。

如图 5-56（a）所示，线圈处于该位置时，CD 边电流由 C 流向 D，AB 边电流由 A 流向 B，当 CD 边转动到 AB 的位置时，电流方向已经变为由 D 流向 C，AB 边

处于原来 *CD* 的位置，电流由 *B* 流向 *A*。在线圈的旋转过程中，不但感应电动势的大小会发生改变，感应电流的方向也发生周期性改变，因此，产生的电流是交变电流，这种发电机称为交流发电机。

常见的几种发电机外形如图 5-56（b）所示，发电机通常由蒸汽轮机、水轮机或其他机械带动，它是一种将机械能转化为电能的设备。

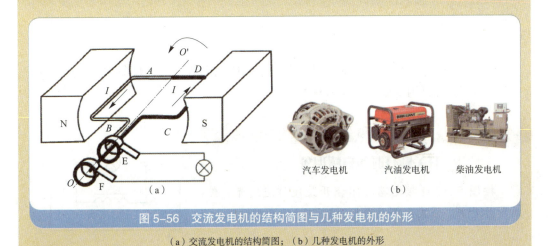

汽车发电机 汽油发电机 柴油发电机

（b）

（a）

图 5-56 交流发电机的结构简图与几种发电机的外形

（a）交流发电机的结构简图；（b）几种发电机的外形

• 练一练

（1）有一个 300 匝的线圈，在 0.1 s 内穿过它的磁通量从 0.01 Wb 变为 0.09 Wb，请问线圈中产生的感应电动势有多大？

（2）在一个磁感应强度为 0.1 T 的匀强磁场中有一个间距为 0.1 m 的金属导轨，导轨的平面与磁感线方向垂直，一根长为 0.12 m 的铜棒以 5 m/s 的速度在导轨上匀速运动，请问铜棒上产生的感应电动势是多少？

6 自感 互感

在生活中，我们经常会发现，当断开电路中的开关或拔掉工作中用电器的插头时会产生电火花；在实验室里，当我们做完实验后，需要将用完的灵敏电流表的两个接线柱短接，在用完磁电式仪表后，也需要将转换开关置于"0"位置，老师说这样做是为了保护仪表。你知道这些现象的出现都是什么原因吗？

自感现象

　　线圈中的电流发生变化而在线圈本身产生感应电动势，这种现象称为**自感**（Self-Induction）。把自感产生的感应电动势称为**自感电动势**（Self-Induction Electromotive Force）。

观察与发现

开关断开时的自感现象

　　按图 5-57 连接电路。闭合开关使灯泡发光，然后断开开关。注意观察开关断开时灯泡的亮度情况。

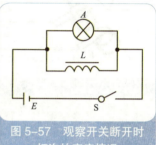

图 5-57　观察开关断开时灯泡的亮度情况

　　开关断开时，灯泡没有立即熄灭，当线圈选取合适的时候，灯泡甚至会闪亮一下再熄灭。这是由于在开关断开的瞬间，线圈中的电流瞬间减小而在线圈本身产生了感应电动势，线圈中产生了自感的缘故。灯泡没有立即熄灭，说明线圈的自感电动势有阻碍线圈中电流减小的作用。

观察与发现

开关闭合时灯泡的自感现象

　　按图 5-58 连接电路，A、B 是相同的两个灯泡。闭合开关 S，调节滑动变阻器 R，使 A、B 亮度相同，然后断开开关 S。再重新闭合开关 S 观察灯泡的变化。

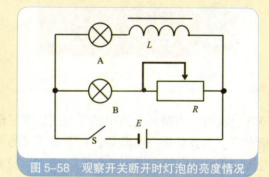

图 5-58　观察开关断开时灯泡的亮度情况

开关重新闭合时，A 灯泡不能马上达到原来的亮度。这是因为重新闭合开关时，与 A 串联的线圈中的电流瞬间增加，而在线圈本身产生了感应电动势，线圈中产生了自感的缘故。灯泡 A 的亮度逐渐增加，说明线圈的自感电动势有阻碍线圈中电流增加的作用。

以上实验表明，当线圈中的电流发生变化时，线圈本身也会产生自感电动势。当电流减小时，自感电动势与线圈中原来的电流方向相同；当电流增加时，自感电动势与线圈中原来的电流方向相反，自感电动势总是阻碍线圈中原来电流的变化。电路板上的电感如图 5–59 所示。

图 5–59　电路板上的电感

根据法拉第电磁感应定律，感应电动势的大小与磁通量的变化率成正比。在线圈自感过程中，线圈的面积没有发生变化，磁通量的变化率取决于磁感应强度的变化率，而磁感应强度的变化率又取决于电流的变化快慢，电流变化越快，磁通量变化率越大，自感电动势就越大。

因此，电流的变化快慢是影响自感电动势大小的一个重要因素。

实验表明，当电流变化快慢相同时，不同的线圈产生的自感电动势也不同，电学中用自感系数来表示线圈的这种特性，简称**电感（Inductor）**。

自感系数常用 L 表示，它的国际单位为 H（亨利）。

电感线圈是交流电路中的重要元件，在电流很强的电路中，切断电路的瞬间能产生很高的自感电动势，在断开处形成电弧放电，如果没有必要的保护措施，可能会瞬间破坏与它相连的元件。各种电感器件如图 5–60 所示。

图 5–60　各种电感器件

日光灯的工作原理

自感现象不总是起到破坏作用，我们也可以利用自感现象，如日光灯的工作就离不开自感现象。

老式日光灯的主要组成如图 5–61 所示，它由灯管、镇流器、启辉器组成。管内充有稀薄的水银蒸气，灯管两端的灯丝通过水银蒸气进行导电发出紫外线，紫外线照射到涂在灯管内壁的荧光粉上，灯管便会发光。

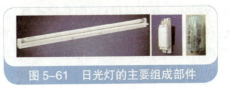

图 5–61　日光灯的主要组成部件

日光灯照明电路如图 5–62 所示，镇流器是一个带有铁芯的多匝线圈。启辉器是一个充有氖气的小玻璃泡，里面有两个电极，一个为静触片，一个是双金属 U 形动触片。当两电极间加上一定的电压时，氖气导电、发光、发热。动触片用黏合在一起的双层金属片制成，受热后两层金属由于膨胀程度不同，U 形动触片会伸展，并与静触片接触，启辉器不再发光，双金属片重新冷却，U 形动触片收缩并回到原位。

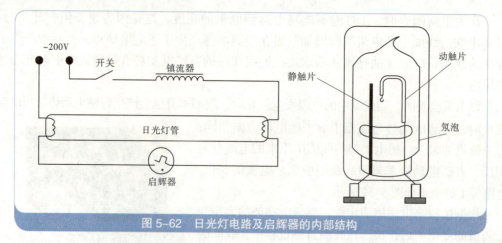

图 5-62　日光灯电路及启辉器的内部结构

　　当电源接通时，日光灯管两端电压为 220 V，该电压不足以使水银蒸气导电，因此，日光灯不会被点亮；由于启辉器与灯管并联，在启辉器的动、静触片间的电压也为 220 V 时，此电压足以使氖泡中的氖气放电，产生热量，加热 U 形双金属动触片，使 U 形动触片伸展，并与静触片接触，使镇流器、灯管两端的灯丝、启辉器形成闭合回路，镇流器内会有较大的电流流过。同时，灯管两端的灯丝发热，加热灯管内的水银蒸气。由于动、静触片相互接触，它们之间的电压立即变为 0，氖气不再放电，无法继续加热 U 形双金属片，当温度降低后，双金属片收缩回原位，而使原本接通的电路突然断开，电流瞬间变为 0，导致镇流器的线圈中的磁通量发生急剧变化，产生很高的自感电动势，该电动势与电源电压一起叠加形成瞬间高压，加在日光灯管的两端，使灯管内的被加热的水银蒸气导电，从而使日光灯管发光。

　　当日光灯正常发光时，镇流器的自感电动势阻碍电流发生变化，使灯管两端的电压降低，启辉器内的氖气无法放电，启辉器的双金属片不会动作，保证日光灯正常工作。

 ## 互感

　　在图 5-52 所示的演示实验中，将磁铁换成通电的线圈，插入另一个线圈内部，两个线圈并没有直接接触，但在接通电源和断开电源的瞬间，另一个线圈中也会产生电流。这种由于一个线圈中的电流发生变化而使另一个线圈中产生感应电动势的电磁感应现象称为互感（Mutual Inductance）。其特点为即使两个线圈没有电的相互连接，也可以实现能量的传递。

变压器的工作原理

　　变压器（见图 5-63）是利用互感原理工作的电磁装置，常见的变压器结构如图 5-64 所示。变压器由原线圈、副线圈和铁芯构成。

原线圈：连接输入电源的线圈，也称为初级线圈。

副线圈：输出电压并与负载相连的线圈，也称为次级线圈。

图 5-63 不同类型的变压器

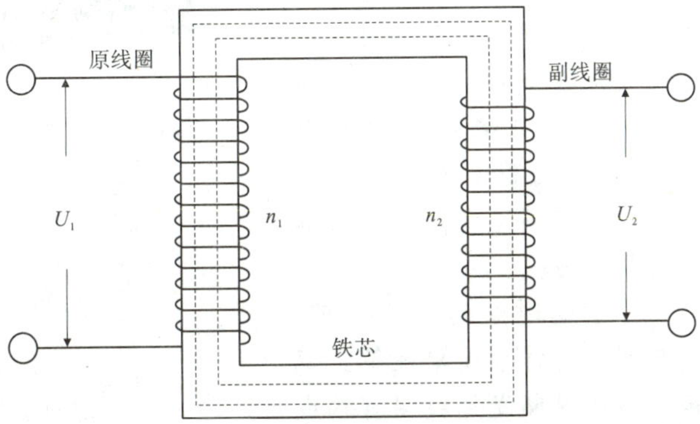

两组线圈都是用绝缘导线绕制，铁芯由涂有绝缘漆的硅钢片等磁性材料叠合而成，形成导磁回路。当原线圈连接交变电流时，就会在铁芯中产生交变的磁场，由于铁芯形成一个导磁回路且穿过原、副线圈，所以在副线圈中也会产生交变的磁场，副线圈中就会产生电磁感应现象，从而产生感应电动势。

图 5-64 变压器的内部结构示意图

在理想状态下，原、副线圈的磁通量变化率相同，两组线圈中的每匝线圈产生的感应电动势也相等。

理想变压器的原、副线圈的两端电压之比等于两个线圈的匝数比，即

$$\frac{U_1}{U_2} = \frac{n_1}{n_2}$$

当 $n_1 > n_2$ 时，$U_1 > U_2$，输出电压降低，这种变压器为降压变压器；当 $n_1 < n_2$ 时，$U_1 < U_2$，输出电压升高，这种变压器为升压变压器。为了满足工业或人们生活中的不同需求，需要使用不同的变压器。发电厂通常需要升压变压器，将发电机发出的交流电转换为高压交流电，如 110 kV、220 kV、330 kV 甚至更高，以减小线路上的电能损耗，便于远距离输电；在用电端，又需要将高压交流电利用降压变压器经过多级降压转变为低压交流电。生活中为了满足不同电路电压的需要，也要使用变压器将 220 V 的交流电变为相应的更低的电压，如图 5-65 所示为一所高压变电站。

图 5-65 高压变电站

● 物理与生活

电磁炉的工作原理

电磁炉采用电磁感应涡流原理进行加热。如图5-66所示，它利用高频电流通过环形线圈，从而产生无数封闭的磁感线，当磁场的磁感线通过导磁（如铁质锅）的底部时，就会产生无数小涡流（一种交变电流，家用电磁炉使用的是15~30 kHz的高频电流），使锅体本身自行高速发热，然后加热锅内食物。

对于电磁炉的发热原理，我们可以这样来简单理解：锅和电磁炉内部发热线圈盘构成一个高频变压器，内部线圈是变压器初级，锅是次级。当内部初级发热线圈盘有交变电压输出后，必然在次级（锅体）上产生感应电流，感应电流通过锅体自身的电阻发热（所以锅本身也是负载）产生热量。由于非导磁性材料不能有效地汇聚磁感线，几乎

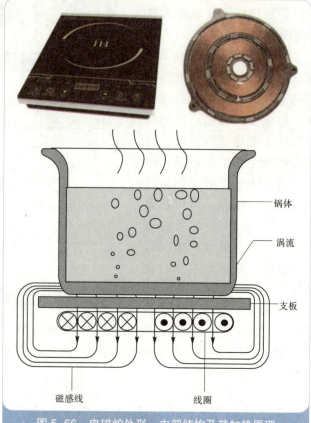

图5-66 电磁炉外形、内部结构及其加热原理

（锅体、涡流、支板、磁感线、线圈）

自感发电

不能形成涡流，所以基本上不加热；导电能力特别差的磁性材料由于其电阻率太高，产生的涡流电流也很小，因此也不能很好地产生热量。

电磁炉使用的锅体材料要求用导电性能相对较好的铁磁性材料金属或者合金制成，一般可用的锅有：铸铁锅、生铁锅、不锈铁锅等。

● 广角镜

我们身边的电磁感应

高压电光球：在透明的玻璃球内，充填有低压的惰性气体，并将中央金属球接上高电压，该高电压通常将低压电变换为高频交变电流，再通过变压器将电压升至数千至一万伏特。当用手触摸球面时，中央金属球便向球面放电，中央金属球与玻璃球面之间有电流流过，当带电粒子撞击球内气体时，便会发出各种颜色的光线。球内充填的气体种类不同，光线的颜色也会不同。由于放电电流很小，一般在一毫

安以下，因此流经人体时并不会有被电击的感觉。

警察使用的电击枪也是利用电磁感应原理，将低压电变换为高压电，瞬间使人产生触电的感觉，从而被制服。

家用电蚊拍也是利用电磁感应，将干电池低压变为高压去电击蚊虫。

物理与科技

无线电通信与广播

由电流的磁效应可知，电流能产生磁场，交变的电流能产生交变的磁场；由法拉第电磁感应定律可知，变化的磁场能产生电流，交变的磁场就能产生交变的电流。

如果采用一定的装置，利用交变的电流激发，即可产生交变的磁场，而交变的磁场又能产生交变的电场，交变的电场又能产生交变的磁场，如此交替进行，两者互相依存、互为因果。我们将这种存在紧密联系且相互依存的电场和磁场统称为电磁场，它具有能量。其中的磁能和电能发生着周期性的转化，在转化的过程中，向周围空间传播。我们将电磁场在空间的传播状态称为电磁波。

我们把频率为射频频段的电磁波称为无线电波。随着无线电技术的发展，人们可以使用无线电波来传递信号或信息，进而发展了各种无线电通信和广播，如图 5-67 所示为几种无线电收 / 发设备。

图 5-67　无线电收 / 发设备

无线电通信是利用电磁波在空间传输信息的通信方式，在发送端利用无线电发射设备，将图像、文字、语音、视频等数字化信息通过一定的编码形式加载到无线电波中，利用电磁波将其传送到空间中；在接收端采用接收设备接收空间中的无线电信号，通过解码实现图像、文字、语音、视频等信息的重现。无线电通信为信息的传播提供了极大便利，特别是卫星通信和移动通信。

卫星通信是利用人造卫星实现无线电信息转发的一种通信方式。使人们能实现全球联络和远距离信息交流，人们使用电视、电台、收音机等设备实现信息的共享与接收。

移动通信是移动对象之间或移动对象与固定对象之间采用无线电通信的一种方式。它使人与人之间的交流变得极为方便，实现了双向通信；我们日常生活中使用的移动电话、生产中使用的对讲机、军事上使用的电台等均利用这种通信方式。

无线电广播是以无线电波作为载体的广播方式。我们可以使用收音机或电台等设备接收信号，还原成语音信息，从而听到各种广播节目。

无线电信号的传播不依赖周围的介质，在真空中依然可以传播。真空中无线电波的速度等于光速，为 3.0×10^8 m/s。

●广角镜

通信技术的发展

通信是指依据公认的约定进行信息传递。在原始社会，为了狩猎，人们使用最简单的方式——呼叫，实现彼此间的信息传递；在奴隶社会，生产、生活或战争中开始使用有组织的通信方式，例如如图 5-68 所示的长城烽火台，用烟火、锣鼓、号角等方式来传递信息；在奴隶社会向封建社会过渡时期出现了驿邮制度；近代发展了以邮政为主的联络方式，以邮票为支付凭证，以火车、汽车、轮船等作为长途传送工具，并由邮递员进行末端递送，用来完成实物形式的信息传递。这种传递信息的方式于清朝末年传入中国，在 1913 年北洋政府撤销了使用了几千年的驿邮制度，专设邮传部，在各个城市设立邮政局，通信则以邮政方式进行且一直沿用至今。

图 5-68 用来传递信息的长城烽火台

随着电报和电话技术的发展，人们能够以电的方式传递信息，信息的传递更加快捷、方便，因此称为电信，通信技术逐渐进入电信时代。以电的方式进行通信的技术是在物理学的基础上诞生和发展的。

（1）电磁学的研究使得电报和电话诞生。

1775 年法国物理学家库仑提出库仑定律；1840 年德国物理学家高斯提出了高斯定理；之后安培提出安培环路电流定律，这些定律或定理构成了静电学的理论基础，当时的研究对象只是静止的电与磁现象，而且认为它们是相互独立的、互不相关的。

1800 年意大利的物理学家伏特发明了伏特电池，获得了电流，开启了静电到动电的时代。1826 年德国物理学家欧姆提出了欧姆定律；1833 年英国的物理学家法拉第提出了电解定律；1841—1842 年英国物理学家焦耳和俄国的物理学家楞次几乎同时提出焦耳-楞次定律；1847 年德国的物理学家基尔霍夫提出了基尔霍夫定律。由此产生了电子技术，在这个阶段研究的都是稳恒直流电。

1820 年丹麦的物理学家奥斯特通过实验发现电流的磁效应；1820 年法国的物理学家比奥和萨法尔提出了电流和其产生的磁场之间的关系——比奥-萨法尔定律；1823 年安培提出了著名的安培定律和安培右手定则，第一次提出了"电动力学"的名词；法拉第经过长达 10 年的研究，于 1831 年发现电磁感应现象，总结出了电磁感应定律，奠定了电磁学的基础，揭开了电与磁之间存在的密切联系。

根据电磁学的研究成果，工程师们发明了直流和交流的发电机和电动机；提出了远距离电力传输技术，使得电力得以广泛应用。正是由于电力的广泛应用，才使得电报和电话问世。

美国的画家莫尔斯于 1835 年用旧画框制成了世界上第一部实用的电报机，

1838 年他发明了用点、划表示文字的"莫尔斯电码"（见图 5-69），1844 年 5 月 24
日他用自己的电报机和"莫尔斯"电码拍发
了第一篇电文"这是上帝创造的"。莫尔斯的
发明奠定了电报作为长距离通信工具的基础。

美国的声音生理学教授贝尔（A.G.Bell）
基于用薄膜制作人工鼓膜的设想，用振动板
将声音变换为电流。他又受到电报的启发，
于 1876 年制成了实用的电话装置（见图
5-70），并申请了专利；1877 年爱迪生又改
进了电话的传话器，使声音能清晰地传送到
较远的地方。

图 5-69　莫尔斯电报机和莫尔斯电码

电报和电话的发明只是现代通信的开端，
它改变了几千年来用人工驿站传递信息的方
式。

（2）电磁场理论的研究催生无线电通信的
诞生。

图 5-70　贝尔发明的有线电话机

1862 年英国的物理学家麦克斯韦继承和发展了法拉第的电磁感应，提出了变化
的电场可以产生变化的磁场，变化的磁场又能产生变化的电场，这样可以交替产生
电场和磁场，一环套一环地向空间传播，第一次提出了电磁波的概念，并于 1864
年提出了著名的麦克斯韦方程组，推算出电磁波的传播速度是光速，同时预言光的
本质是电磁波；1888 年德国物理学家赫兹用实验证明了麦克斯韦的预言；1873 年，
麦克斯韦出版了《电学和磁学论》一书，建立了完整的电磁学理论体系，揭示了电、
磁、光的统一性。

赫兹的实验证明了电磁波的存在，吸引了许多人探索如何把电话和电报从有线通
信推向无线。1895 年仅 15 岁的意大利发明家马可尼制成了无线电发射机和接收机，可
以接收到 3.2 km 外发来的信号；1897 年实现了距离为 16.09 km 的收发；1898 年已经能
跨越 72.42 km 的英吉利海峡；1901 年实现了跨大西洋的无线通信。

与此同时，俄国物理学家波波夫也于 1895 年自制了一台无线电接收机——雷
电指示器；1896 年表演了距离为 250 m 的无线接收；1897 年这一距离扩展到 5 km；
1901 年制成了复杂的收发两用无线电台。

马可尼和波波夫的发明标志着通信进入远距离
无线通信时代。现代单兵无线电台如图 5-71 所示。

（3）光电子学研究实现了光纤通信。

光通信在无线电通信之前就已经诞生。1880
年贝尔就用透镜聚焦太阳光，用话筒膜片作为光调

图 5-71　现代单兵无线电台

制器，用大气作为传输媒介，用硅光电池作为调制器，成功地进行了光通话实验，通话距离达到 213 m。受光源和传输媒介的限制，实用的光通信技术一直难以突破。

1916 年爱因斯坦提出"受激辐射"的概念，通过激发原子获得光子，在反复受激的条件下可获得强度越来越大的相关光，这一过程被称为"受激辐射光放大"，简称"激光"。激光具有单色性好、方向性好、亮度高、相干性好的特点，是理想的通信光源。

由于制作激光器有很多技术难题，直到 1960 年美国休斯实验室的梅曼制成了世界上第一台红宝石激光器（见图 5-72），在贝尔光通信实验成功的 80 年后又唤起了人们对光通信的探索。1966 年 7 月，英国华裔科学家高锟和霍克哈姆利用波导传输理论分析语言：只要能设法降低玻璃纤维的杂质，就能使光纤的损耗降低到 20 dB/km。1970 年美国康宁公司用高纯度的石英生产出了世界上第一根光纤（见图 5-73），标志着光传输媒介的问题得到解决，为光通信的发展奠定了坚实的基础。

图 5-72 梅曼的红宝石激光器

（4）无线电电子学开启了电子通信之门。

早期的通信设备都是机电型设备，体积大、耗电量大、可靠性差，限制了通信水平的提高。无线电电子学的发展逐步使通信设备成为电子设备，电子器件（见图 5-74）成为通信设备的核心。

1883 年爱迪生发现了"爱迪生效应"，其实是热电子发射效应，但他并不理解其机理和实质；1897 年英国的物理学家汤姆生用实验证实了电子的存在，并指出爱迪生效应其实是热电子发射现象。

图 5-73 光纤

1904 年麦克斯韦的学生，工程师弗莱明用"爱迪生效应"发明了真空二极管，它可以作为灵敏的检波器，首先被马可尼用于无线电报机，实现了越洋通信。1906 年美国人德弗雷斯发明了具有放大功能的三极管，在无线电电报机和有线长距离电话设备中作为放大器使用。之后又出现了四极管、五极管以及用于微波放大的调速管、磁控管和行波管，促进了微波中继、卫星多路通信的发展。

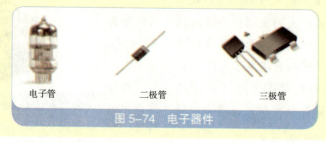

电子管　　　　二极管　　　　三极管

图 5-74 电子器件

1948年点接触型晶体管的发明标志着第二代电子器件问世；1950年贝尔实验室的斯帕克斯发明了性能更稳定的面结型晶体管；1962年美国仙童公司利用平面工艺制成了MOS场效应晶体管，为后来的集成电路的问世打下了坚实的基础。晶体管的发明使通信设备进入了一个新的发展阶段。

20世纪50年代末，晶体管的小型化和微型化直接导致第三代电子器件——集成电路的出现。1958年美国德克萨斯仪器公司的工程师基尔比首次将晶体管和电阻、电容集成到同一块硅片上，制成了振荡器，称为世界上第一块集成电路，从此迎来了微电子学的时代。尤其是后来数字集成电路的发展，到现今的超大规模集成电路（单片硅片上集成上亿个元件）的出现，对电子计算机及通信技术的发展产生了巨大影响。

（5）计算机技术推进通信技术进入智能时代。

在传统意义上，电子计算机只用于数值计算。随着计算机技术的发展，几乎所有的社会化大生产和社会活动都依赖计算机来完成。尤其是通信技术直接受益于计算机技术发展的成就。

1964年集成电路数字计算机的出现和1970年微处理器和微型计算机的问世以及操作系统的出现使得计算机具备批量处理、分时处理、实时处理等功能。软件方面也实现了数据库管理、通信处理、网络软件等。

在集成电路（见图5-75）诞生以后，贝尔实验室就开始研究将计算机技术引入交换机，替代人工转接线方式，并于1965年研制出世界上第一台（模拟）程控交换机，之后各国相继开发了数字程控交换机（见图5-76），20世纪70年代末程控交换技术已经成熟。

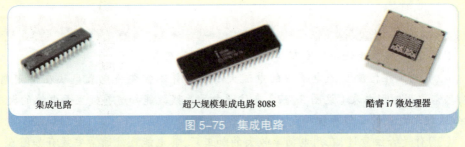

集成电路　　　　　　超大规模集成电路8088　　　　　　酷睿i7微处理器

图5-75　集成电路

计算机技术的应用使得通信开始向智能化方向发展，通信不再是传统意义上的机电设备，而是变为由计算机软件控制的智能设备；在网络层面形成了灵活提供增值服务的智能网络技术；业务层面出现了通信网与其他网络的开放。直到21世纪，实现了计算机网络与通信网络的融合互联技术，推动了通信向更高层次的智能化、融合化方向发展。

（6）量子力学的理论引发通信技术进入量子通信时代。

量子力学是20世纪物理学研究的重大成果。1900年普朗克提出"能量子"概念，推导了符合试验结果的黑体辐射定律，提出了量子论；1905年爱因斯坦将光量

图5-76　数字程控交换机

子论运用于光电效应，提出光量子具有波动和粒子双重特性；1923年德布罗意创立了物质波理论，提出波粒二象性是所有微观粒子的基本属性，标志着量子力学的建立。

量子的基本属性是量子系统状态具有叠加性、相干性、交缠性、不可克隆性、不可确定性。正因为量子系统具有这样的特殊性，20世纪末，科学家们开始研究量子信息论、量子态的相干叠加及其传输、处理和测量，包括量子通信、量子加密、量子计算。

量子通信是靠单个光子在光纤中传播，而不是一束光子，因此，传播速度可提高1 000万倍，而且对光源的强度要求大大降低，传递信息的载体是量子叠加态，利用量子的交缠实现信息超距、超光速传输。1977年日内瓦大学实现了通过10.9 km的光纤量子信息传递；1998年第一个交缠交换实验成功；2001年11月已经证明可用包含1 012个原子的宏观原子系统和线性光学器件实现长距离量子通信。

量子加密是基于量子系统的两个简单属性：未知量子态不可克隆、对量子系统的测量将不可避免地对系统带来干扰。因此，除发信者和收信者外，其他任何试图窃取量子信息的第三方，都将无法正确复制出原始信息，也必将被发现，由此可以获得绝对不可破解的非一般安全的加密通信。

2000年美国的Los Alamos国家实验室实现了80 km的量子密钥传递。2016年8月16日，我国长征二号丁运载火箭将世界上首颗量子科学试验卫星"墨子号"发射升空，在世界上首次实现了卫星和地面之间的量子通信，同时也是我国实现"无条件安全"的"天地一体化"量子通信网络构想下具有里程碑意义的一步。

随着物理学的不断发展，通信技术也不断更新，未来的通信技术也会向着高速、网络化、更安全的方向发展。

练一练

（1）想一想，生活中还有哪些地方用到自感和互感？

（2）电工在检测交流电路中的电流大小时，并不需要将电表串联在待测电路中，只需要用钳形电表（见图5-77）夹住通电的导线就能知道导线里面电流的大小，你知道钳形电表的工作原理吗？

（3）你是否注意过，在用电功率较大的加工厂，其电能表处通常安装有如图5-78所示的装置，称为交流互感器，你知道它的作用吗？

图5-77　钳形电表

图5-78　交流互感器

本单元小结

知识结构

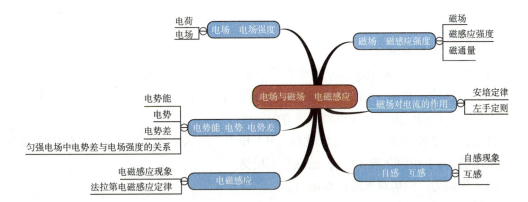

重点知识

1. 电场　电场强度

（1）电场：存在于电荷周围的一种特殊物质。

（2）电场线：是用于形象描述电场的一组假想的曲线。它是一簇带箭头的曲线，曲线上每一点的切线方向与该点处的电场方向一致。

特点：电场线始于正电荷，终止于负电荷，空间不闭合、不相交。

（3）电场强的地方电场线密集；电场弱的地方电场线稀疏。

（4）电场强度：电荷在电场中所受的电场力 F 与它的电荷量 q 的比值，即

$$E = \frac{F}{q}$$

电场强度的方向：与正电荷在该点所受电场力的方向相同。

（5）匀强电场：各点的电场强度的大小和方向都相同的电场。

2. 电势能　电势　电势差

（1）电势能：电荷在电场中受电场力的作用而具有的能量。

（2）电势：电场中某点电荷所具有的电势能 E_P 与它所带电荷量 q 的比值，即

$$\varphi = \frac{E_P}{q}$$

电势变化：沿电场线的方向，电势逐渐降低。

电势差：电场中任意两点之间的电势之差，即

$$U_{AB} = \varphi_A - \varphi_B$$

（4）电场强度和电势差的关系：在匀强电场中，电场强度在数值上等于沿电场强度方向上的单位距离的电势差，即

$$E = \frac{U_{AB}}{d}$$

3. 磁场 磁感应强度

（1）磁场：存在于磁体周围的特殊物质，磁极间的相互作用是通过磁场发生的。

（2）磁感线：是用于形象描述磁场的一组假想的曲线。它是一簇带箭头的曲线，曲线上每一点的切线方向与该点处磁场方向一致。

特点：在磁体外部，磁感线从北极（N）出发，进入南极（S）；在磁体内部，磁感线从南极（S）指向北极（N）；磁感线不相交。

（3）安培力：磁场对电流的作用力。

磁场中垂直于磁场方向的导线所受到的安培力 F 与电流强度 I 和长度 l 的乘积的比值，称为该导线所在位置的磁感应强度，即

$$B = \frac{F}{Il}$$

（4）匀强磁场：各点的磁感应强度的大小和方向都相同的磁场。

（5）磁通量：在匀强磁场中，垂直于磁场方向的平面面积 S 与磁感应强度 B 的乘积，即

$$\Phi = BS$$

（6）安培定则：用于确定通电直导线周围的磁场方向；也可用于确定通电螺线管周围的磁场（电生磁，用右手）。

4. 磁场对电流的作用

（1）左手定则：用于确定通电直导线在磁场中的受力与电流及磁场方向（电受力，用左手）。

（2）安培定律：长度为 l，电流为 I 的通电直导线在磁感应强度为 B 的磁场中所受安培力 F 的大小等于三者的乘积，即

$$F = BIl$$

5. 电磁感应

（1）感应电流：穿过导体回路的磁通量发生变化，闭合回路中就会有感应电流产生。

感应电动势：由于电磁感应现象产生电动势。因此无论回路是否闭合，都会有感应电动势产生。

（2）右手定则：判定闭合回路中的感应电流的方向（磁生电，用右手）。

（3）法拉第电磁感应定律：回路中感应电动势的大小与穿过这一回路的磁通量的变化率成正比，即

$$E = \frac{\Delta \Phi}{\Delta t}$$

6. 自感与互感

（1）自感：由于导体内部电流的变化而产生的电磁感应。

自感电动势：由于自感产生的感应电动势。

（2）互感：一个电路中的电流变化引起另一电路中产生感应电动势的现象。

（3）日光灯利用自感原理工作，变压器利用互感原理工作。

单元检测题

一、填空题

5-1 在物理学中，当带电体之间的距离_____带电体本身的大小，带电体的形状及电荷的分布对另一带电体的作用可以忽略不计时，这样的带电体称为_____。

5-2 一带电量为 10^{-5} C 的检验电荷 q，放置在电场中的某处，该电荷所受的电场力为 10^{-2} N，如果将 q 的电量减半，那么电荷 q 所受的电场力为_____N；该点的场强为_____N/C。

5-3 丹麦物理学家奥斯特通过实验，发现_____周围存在_____。

5-4 我们规定：在磁场中的任一点，小磁针_____极受力的方向，就是这一点的磁场方向。

5-5 在一个磁场中，垂直磁感线的方向有一段通电直导线，它受到磁场作用力的方向可以用_____定则来判定，它受到磁场作用力的大小与_____、_____、_____ 3 个因素有关。当通电导线平行于磁场时，通电导线所受磁场力的大小为_____。

5-6 磁通量的定义式是 $\Phi = BS$，它的适用条件是_____。在国际单位制中，式中 B 的单位是_____，S 的单位是_____，Φ 的单位是_____。

5-7 通电螺线管产生的磁场与一个条形磁铁的磁场类似，可用_____判断它产生磁场磁感线的方向。

5-8 当穿过闭合电路的_____发生变化时，电路中就会产生感应电流。

5-9 发电机是遵循_____定律工作的，电动机则是依据_____对_____的作用原理。

5-10 日光灯中的镇流器实际上是一只多匝铁芯电感线圈，在启动时会因为_____而产生很高的感应电动势。

二、选择题

5-11 把一个带电量为 +q 的检验电荷放在电场中的 P 点，测得 P 点的电场强度大小为 E，场强的方向向东，有关 P 点的场强的说法正确的是（　　　）。

　A. 若把 –q 的检验电荷放在 P 点，则测得 P 点的场强大小仍为 E，方向向西

　B. 若把电量为 2q 的点电荷放在 P 点，则 P 点的场强大小为 2E，方向向东

　C. 若在 P 点不放电荷，那么 P 点的场强为零

　D. 只要 P 点在电场中的位置确定，它的场强应是一个确定值

5-12 关于电场线的说法，正确的是（　　　）。

　A. 电场线是在电场里实际存在的线

　B. 电场强度方向总是跟电场力方向一致

　C. 电场线上任一点的切线方向总是与置于该点的电荷受力方向一致

　D. 电场中任何两条电场线都不可能相交

5-13 （多选）图 5-79 是某区域的电场线分布示意图，P 点是电场中的一点，则（　　　）。

　A. P 点的电场强度方向向左

　B. P 点的电场强度方向向右

　C. 正点电荷在 P 点所受的电场力的方向向左

　D. 正点电荷在 P 点所受的电场力的方向向右

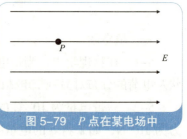

图 5-79　P 点在某电场中

5-14 （多选）图 5-80 是某区域的电场线示意图，A、B 是电场中的两个点，E_A 和 E_B 分别表示 A、B 两点电场强度的大小，F_A、F_B 分别表示同一个点电荷在 A、B 两点所受电场力的大小。下面说法中正确的是（　　　）。

　A. $E_A > E_B$　　　　　B. $E_A < E_B$

　C. $F_A > F_B$　　　　　D. $F_A < F_B$

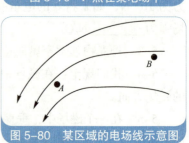

图 5-80　某区域的电场线示意图

5-15 （多选）图 5-81 是电场中某区域的电场线示意图，N、M 是电场中的两点。这两点相比，有（　　　）。

　A. M 点的场强较大　　　　　　B. N 点的场强较大

　C. 同一个检验点电荷放在 N 点所受的电场力比放在 M 点时所受的电场力大

　D. 同一个检验点电荷放在 M 点所受的电场力比放在 N 点时所受的电场力大

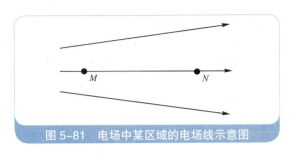

图 5-81　电场中某区域的电场线示意图

5-16　将一个电量为 q 的点电荷放在电场中的 A 点，它受到的电场力为 F，则 A 点的电场强度的大小等于（　　　）。

A. q/F　　　　　B. F/q　　　　　C. q　　　　　D. $F+q$

5-17　一个电量为 q 的正点电荷在一个匀强电场中沿电场力的方向运动的位移为 d。若电场强度大小为 E，则在此过程中，电场力对电荷做的功等于（　　　）。

A. Ed/q　　　　B. qE/d　　　　C. qd/E　　　　D. qEd

5-18　（多选）在图 5-82 中画出了某一电场的一些电场线，将一个正点电荷 q 置于该电场中，下面说法中正确的是（　　　）。

A. 电场线所表示的电场的方向是自左向右

B. 电场线所表示的电场的方向是自右向左

C. 正电荷 q 所受电场力的方向是自左向右

D. 正电荷 q 所受电场力的方向是自右向左

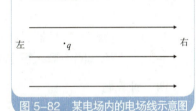

图 5-82　某电场内的电场线示意图

5-19　关于磁通量，下面说法正确的是（　　　）。

A. 穿过某一面积的磁感线条数称为穿过这个面积的磁通量

B. 穿过单位面积的磁感线条数与该面积的比值，称为穿过这个面积的磁通量

C. 某一面积与该处磁感强度的乘积，称为穿过这个面积的磁通量

D. 垂直穿过某一面积的磁感线条数与该面积的比值，称为穿过这个面积的磁通量

5-20　关于垂直于磁场方向的通电直导线所受磁场力的方向，正确的是（　　　）。

A. 与磁场方向垂直，与电流方向平行

B. 与电流方向垂直，与磁场方向平行

C. 既与磁场方向垂直，又与电流方向垂直

D. 既不与磁场方向垂直，又不与电流方向垂直

5-21　（多选）在下面 4 个示意图中，分别标出了磁场 B 的方向、通电直导线中电流 I 的方向以及通电直导线所受磁场力 F 的方向，其中正确的是（　　　）。

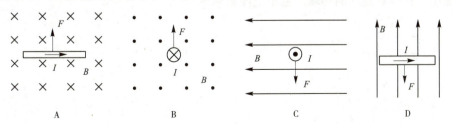

5-22 （多选）关于磁感应强度，下列说法中正确的是（　　　）。

A. 磁感应强度的大小反映了磁场的强弱

B. 磁感应强度是描述磁场强弱和方向的物理量

C. 磁感应强度的方向就是通电导线在磁场中所受作用力的方向

D. 磁感应强度的方向就是通电导线在磁场中所受作用力的反方向

三、判断题

5-23 电场线和磁感线都是真实存在的曲线。（　　　）

5-24 电场力对电荷做正功，电势能减小。（　　　）

5-25 根据磁感应强度的定义式 $B = F/Il$，磁感应强度 B 与 F 的大小成正比。（　　　）

5-26 判断磁场中的通电直导线的受力方向使用的是右手定则。（　　　）

5-27 电势能高的地方电势就高，电势低的地方电势能也低。（　　　）

5-28 在一个匀强磁场中放入一个面积为 S 的线圈，$S > 0$，穿过该线圈的磁通量为零，那么这个磁场的磁感应强度为零。（　　　）

5-29 当线圈内磁通量变化率一定时，线圈的匝数越多产生的感应电动势就越高。（　　　）

5-30 日光灯的启辉器只在日光灯启动的时候工作。（　　　）

5-31 在原线圈中输入恒定电压也能够使变压器正常工作。（　　　）

四、计算题

5-32 在一个电场中的某一点放入电量为 5.0×10^{-9} C 的正点电荷，它受到电场力的大小为 3.0×10^{-4} N，那么这一点处的电场强度是多少？如果将这个正点电荷的电量增加一倍，该点处的电场强度有什么变化？

5-33 一个面积为 0.50 m^2 的导线框，处于磁感应强度为 2.0×10^{-2} T 的匀强磁场中，环面与磁场垂直，穿过导线环的磁通量是多少？如果这个导线框经过 0.02 s 后，面积均匀增大至 0.75 m^2，则在导线框中产生的感应电动势是多少？

5-34 线圈的原线圈有 10 匝，副线圈有 5 000 匝，在原线圈中通入电压为 100 V 的交流电，试计算副线圈两端的输出电压是多少？

第六单元

光现象及应用

从日出的光辉、落日的红焰、彩虹的绚丽色彩再到天空中闪烁的星光，光的存在使我们拥有了一个色彩斑斓的世界。

光在人类的生存和生活中至关重要。在人类认识世界、改造世界的过程中，光扮演了极其重要的角色，一个人每天由感觉器官接收到的信息中，有 90% 以上是通过光传递给眼睛的。

今天，光已经不仅仅为我们带来光明，我们还可以利用光做很多事情：光可以让我们更高速地遨游网络世界；可以成为测量距离的"尺子"；可以成为工人手中的"万能工具"；可以成为医生手中灵巧多用的"手术刀"；可以为我们创造出一个虚拟的光影空间；可以成为威力巨大的武器……

现在，就让我们一起进入奇妙的光世界！

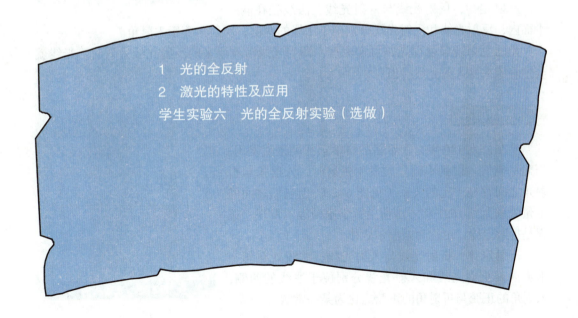

1 光的全反射
2 激光的特性及应用
学生实验六　光的全反射实验（选做）

1 光的全反射

在炎热的夏季，会看到前方柏油马路上好像有积水，还能看到前方汽车在水中倒立的影子，等走近了再看，路面其实是干的，根本没有水，这是为什么呢？学完本节课你就会找到答案。

光的反射与折射

通过初中物理学习，我们知道，光从一种介质射向另一种介质，如从空气射向水中，在这两种介质的分界面上，一部分光会被反射回空气中，还有一部分光会以折射的方式进入水中。光的反射（Reflection）和折射（Refraction）是两种最常见的光学现象，如图6-1所示。光的反射和折射分别遵守反射定律（Reflection Law）和折射定律（Refraction law）。

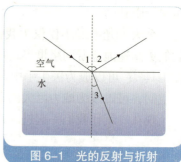

图6-1 光的反射与折射

反射定律

反射定律：反射光线与入射光线、法线处在同一平面内，反射光线和入射光线分别位于法线的两侧；反射角等于入射角。

光的反射现象遵循光路可逆原理，即当光线沿着原来的反射光线入射时，光线就会逆着原来的入射光线射出。

折射定律

早在公元140年，古希腊的科学家托勒密就发现，当光从空气入射到不同介质发生折射时，入射角与折射角之间存在一定的关系（见图6-2）。但它们之间的定量关系直到1621年才由荷兰数学家斯涅尔发现，这就是折射定律，也称为斯涅尔定律。

折射定律：折射光线与入射光线、法线处在同一平面内，折射光线和入射光线分别位于法线的两侧；入射角的正弦与折射角的正弦之比为某一常数。

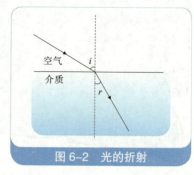

图6-2 光的折射

当光在两种介质的分界面处发生折射时，入射角和折射角的大小关系满足折射定律。其中的比例常数的大小与入射角和折射角的大小无关，而只与分界面两侧的介质属性有关。

在本单元中，只考虑最简单也是最常见的情形，即光从空气射入某种介质，或从某种介质射入空气。在一般情况下，空气对光传播的影响很小，可当作真空处理。当光从真空（空气）射入某种介质中时，折射定律可以写成下面的形式

$$\frac{\sin i}{\sin r} = n$$

式中，$\sin i$ 为真空（空气）中入射角的正弦值；$\sin r$ 为介质中折射角的正弦值；n 为比例常数，数值与介质有关。

光的折射现象也遵循光路可逆原理。

折射率

折射率：光从真空射入到某种介质时发生折射，入射角的正弦和折射角的正弦之比称为这种介质的绝对折射率，简称折射率（Index of Refraction）。用符号 n 表示。

常见介质的折射率见表 6-1。研究表明，某种介质的折射率 n，还等于光在真空中传播的速度 c 与光在这种介质中传播的速度 v 之比，即

$$n = \frac{c}{v}$$

表 6-1　常见介质的折射率

介质	折射率	介质	折射率
真空	1.00	甘油	1.47
空气	1.000 3	玻璃	1.50~1.80
冰	1.31	红宝石	1.77
水	1.33	钻石	2.42
酒精	1.36	碘晶体	3.34

物理学中把折射率较小的介质称为光疏介质（Optically Thinner Medium）；把折射率较大的介质称为光密介质（Optically Eenser Medium）。

★ 小提示：

（1）折射率 n 是一个比例系数，无单位。

（2）光在真空中的传播速度为定值，数值是 3×10^8 m/s。由于光在真空中传播速度 c 大于光在任何其他介质中的传播速度 v，所以任何介质的折射率都大于1。

光的全反射

当一束光以较小的入射角，从某种光密介质（如水）射向某种光疏介质（如空气）时，在两种介质的分界面处，会同时发生光的反射和折射两种现象，如图 6-3 所示。逐渐增大光的入射角，反射光线和折射光线的角度会同时发生改变。当入射角超过某一特殊角度后，折射光线将完全消失，入射光被全部反射回介质。

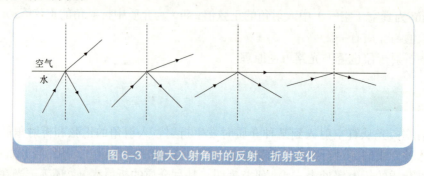

图 6-3 增大入射角时的反射、折射变化

全反射：在两种介质的分界面处，折射光完全消失，入射光的能量通过反射光被全部反射回来，这种现象称为光的全反射（Total Reflection）。

临界角：恰好发生全反射时，对应的入射角称为临界角（Critical Angle），用 C 表示。

恰好发生全反射时，可以认为光的折射角为 90°。由折射定律可知

$$\frac{\sin 90°}{\sin C} = n$$

而

$$\sin 90° = 1$$

可得

$$\frac{1}{\sin C} = n$$

即

$$\sin C = \frac{1}{n}$$

从上式可以看出，折射率 n 越大的物质，发生全反射时的临界角 C 就越小（见表 6-2），即物质越容易发生全反射。

表 6-2　几种常见物质的折射率和临界角对照表

介质	折射率	临界角	介质	折射率	临界角
水	1.33	48.6°	红宝石	1.77	34.4°
酒精	1.36	47.3°	水晶	2.00	30°
甘油	1.47	42.9°	钻石	2.42	24.4°
玻璃	1.50~1.80	30°~42°	碘晶体	3.34	17.4°

●思考与讨论

当光从空气射向水面时会发生全反射现象吗？为什么？

发生全反射，必须具备以下两个条件：

（1）光线必须由光密介质射向光疏介质（如由玻璃射向空气）。

（2）入射角必须大于或等于临界角。

 全反射的应用

◀◀ 全反射棱镜

横截面是等腰直角三角形的棱镜称为**全反射棱镜**（Total Reflection Prism），光在全反射棱镜中传播时，光路会发生如图 6-4 所示的改变。

在光学仪器里，例如在潜望镜（见图 6-5）和望远镜（见图 6-6）中，常用全反射棱镜代替平面镜来改变光的传播方向。表面看来全反射棱镜的作用和一个平面镜的作用相同，使用全反射棱镜的地方完全可以由平面镜来替代，但实际上却不是这样的。这是因为：

（1）一般的平面镜都是在玻璃的后表面镀银而制成的。当利用平面镜反射时，在镀层面会有一定的光能被吸收，光通过率会下降，造成像的清晰度降低。而全反射棱镜发生全反射时的反射率接近100%。

（2）平面镜成像时，由于光线在多个表面反射，会产生多个像，影响观测效果，使用全反射棱镜可以避免这个问题。

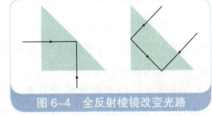

图 6-4　全反射棱镜改变光路

图 6-5　潜望镜中的全反射棱镜

（3）平面镜在使用一段时间后，其镀银面容易脱落，需要更换维护。全反射棱镜可以长期使用，无须定期维护。

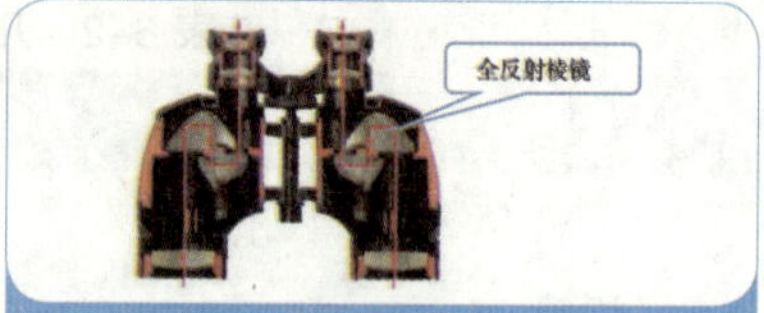

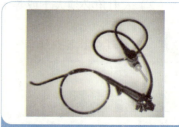

图 6-6 望远镜中的全反射棱镜

光导纤维

利用光的全反射现象可以制作光导纤维，简称光纤（Optical Fiber），如图 6-7 所示。光纤是用纯度极高的石英拉制成的极细的丝，直径在几微米到一百微米之间，由纤芯和包层组成。纤芯材料的折射率比包层的大，在纤芯中传播的光会在纤芯和包层的界面上发生全反射，使光沿纤芯传播，可以直接传播光影像，也可以传播加载信息的数字光信号。光纤常见的用途有以下两种。

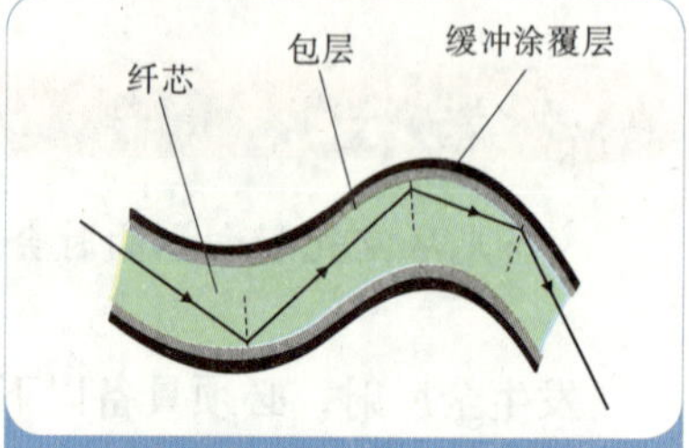

图 6-7 光导纤维原理

（1）内窥镜：医学上用光导纤维制成的内窥镜如图 6-8 所示，用来检查人体胃、肠、气管等器官。实际的内窥镜装有两组光纤，一组把光传送到人体内部用于照明，另一组用来观察。

（2）光纤通信：载有声音、图像以及各种数字信号的激光可以从光纤的一端输入，沿着光纤传输到千里以外的另一端，实现光纤通信。

图 6-8 医用内窥镜

海市蜃楼

海市蜃楼，简称蜃景，是一种因为光的折射和全反射而形成的自然现象。古人将此现象的形成归因于蜃吐气而成楼台城廓，故由此得名，如图 6-9 所示。

在夏季，白天海水温度比较低，下层空气受水温影响，比上层空气冷，会出现下冷上暖的反常现象（正常情况是下暖上凉）。空气对光的折射率由下而上逐渐减小。当远处物体发出的光线由下层空气向上层空气传播时，逐次发生折射，并在上层发生全反射，向下折回到地面。当人们逆着光线看去时，就会看到远方的楼房等景物悬浮在空中，如图 6-10（a）所示。

图 6-9 海市蜃楼

在沙漠里，白天沙石被太阳晒得灼热，接近沙层的气温升高得极快。由于空气不善于传热，所以在无风的时候，会形成下层空气密度比上层小的反常现象，导致在地面附近空气对光的折射率由上而下逐渐减小。在这种情况下，远处树梢射向地面附近的光线不断发生折射。当贴近地面热而稀的空气层时，就发生全反射，光线向上折回传播，进入人眼中，人就看到了一棵树的倒影。由于倒影位于实物的下面，这种倒影

很容易使人们产生水边树影的幻觉，以为远处一定有水，如图6-10（b）所示。

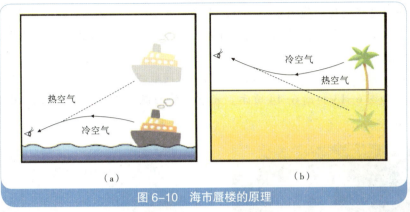

图 6-10　海市蜃楼的原理

（a）海面上的海市蜃楼；（b）沙漠的海市蜃楼

物理与科技

光纤通信的发明与应用

在19世纪70年代，英国科学家丁达尔曾经做过这样一个有趣的实验：在一个容器的壁上钻一个小孔，然后装入大量的水，让水从小孔中流出。此时，在容器的上方用灯将水照亮，他看到射入水中的光竟随着水从小孔流出，而且同水流一起，呈弧线状落到地面，在地面上形成一个光斑。这是一个重大的发现！可在当时，并没有引起科学界的重视。

1958年，光的传播规律在医学领域得到应用。由2 500根细玻璃纤维制成的内窥镜，将光引到人体胃内，使医生不用开刀，就可以看到胃里的情况。

1966年，英籍华人高锟正式在相关的学术刊物上阐述了有关光纤通信的理论，成为光纤通信的创始人之一。后来，他又经过反复试验，制造出了世界上第一根光导纤维，被誉为"光纤之父"。由于高锟在光纤通信领域的杰出贡献，他获得了2009年的诺贝尔物理学奖。

光导纤维，简称光纤，是用具有特殊光学性能的材料——石英玻璃或其他的物质制成的细丝，如图6-11所示。它比钢坚硬、比铜柔韧，可使光在里面以 3×10^5 万 km/s 的速度前进。

实际应用的光纤直径只有几微米到一百微米，由内芯和外套组成，光线在内芯和外套的界面上发生全反射。通常我们所说的光缆是把一定数量的光纤有序排列聚集在一起形成的，如图6-12所示。

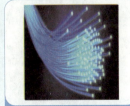

图 6-11　光导纤维

图 6-12　光缆

光纤通信的主要优点是容量大、衰减小、通信效果极好、抗干扰能力强、成本较低。一对光纤的传输能力理论值为二十亿路电话、一千万路电视。铺设 1 000 km 的通信所用的同轴电缆大约需要 500 t 铜，如果改用光纤只需要大约几千克石英，而石英大量存在于沙石中，几乎是取之不尽的。

现在，从家庭的宽带上网到国际间的互联网数据交换，几乎都是通过光纤进行传输的，如图 6-13 和图 6-14 所示。光纤通信的诞生与应用，是人类通信能力的一次飞跃！

图 6-13　铺设好的海底光缆

图 6-14　中国国际海底光缆网络

● 奇思妙想

自制光导纤维

所需材料：塑料软管、激光笔、透明胶带、针管（或滴管）。

制作步骤，如图 6-15 所示。

（1）用透明胶带将塑料软管的一头封住，使其不能漏出水来。

（2）缓慢地将水注入塑料管中（可以使用注射器或滴管），尽量避免塑料管内壁上出现小气泡。

（3）将环境灯光调暗，打开激光笔，让激光沿着塑料管开口一段照射进管中，可以观察到激光沿着塑料管传播，并从封口一段射出。

图 6-15　自制光导纤维

（1）分析本节开头提到的夏季柏油马路上假积水现象的成因。

（2）若某种玻璃的折射率是 1.5，某种宝石的折射率是 2.0，求光在玻璃和宝石中的传播速度分别是多少？

（3）下列关于光的折射和全反射的说法中正确的是（　　　）。

A. 入射角总是大于折射角

B. 在发生光的折射时一定发生反射，反射角一定等于入射角

C. 光从空气射向水面时可能发生全反射

D. 光从玻璃射向空气时一定发生全反射

2 激光的特性及应用

据报道，我国目前最新型的 99 式坦克安装有主动激光对抗系统（见图 6-16），该系统发射的强大激光束，可以在 10 km 的距离内损坏敌人的光电系统或使敌方车辆乘员暂时失明。

为什么光能成为武器呢？因为这不是普通的光，它是一种神奇的人造之光——激光。

图 6-16　我国 99 式坦克及其安装的激光对抗系统

 ## 激光的诞生及原理

激光的诞生

1958 年，美国科学家肖洛（Schawlow）和汤斯（Townes）第一次在实验室中制造出了一种自然界没有的神奇之光——激光（Laser）。

1960 年，美国科学家梅曼（T.H.Maiman）等人制造出了世界上第一台能发射激光的激光器——红宝石激光器（见图 6-17）。1961 年 8 月，中国第一台红宝石激光器在中国科学院长春光学精密机械研究所诞生（见图 6-18）。

继第一台红宝石激光器诞生之后，科学家们又相继研制成功了半导体激光器、氦氖激光器、燃料激光器等各式各样的激光器。时至今日，各式各样的激光器（见图 6-19）已经被广泛应用于我们生活的各个方面。

图 6-17　世界上第一台红宝石激光器

图 6-18　我国第一台红宝石激光器

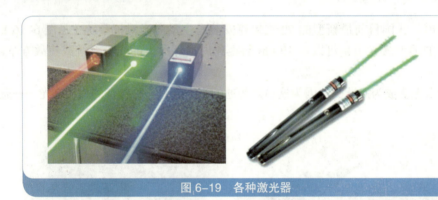

图 6-19　各种激光器

激光原理

无论是普通的光还是激光，都是从组成物质的原子中发射出来的，原子获得能量后处于不稳定状态（激发状态），它会以光子的形式把能量发射出去从而形成光。如果大量光子从处于激发态的原子中杂乱无序地跑出来（自发辐射），就是普通的光；而如果大量光子在某种指令下步调极其一致地离开原子（受激辐射），即光子的特性完全一样，这就是激光（见图 6-20）。例如，电灯泡发出来的光子（普通光源）就像放学时打开校门向外跑的学生，会向各个方向乱跑，很不团结。但是激光中的光子则像是从大门列队跑出去的士兵，他们心往一处想、劲往一处使，这导致他们所向披靡、威力巨大。

图 6-20　普通光和激光的区别形象示意图

 激光的特性

激光之所以能被广泛应用于我们的生活，是因为激光有着普通的自然光所无法比拟的特性，主要体现在以下 4 个方面。

方向性好

普通光源发出的光在传播一段距离后，发散会非常严重。激光器发射的激光"天生"就是朝一个方向射出，光束的发散度极小，接近平行。人们曾用探照灯发出的光和激光照射 380 000 km 外的月球，探照灯的光斑覆盖了整个月球（月球直径 3 476 km），而激光在月球表面形成的光斑直径不到 2 km。

亮度极高

激光是现在最亮的光源，如图 6-21 所示是亮度极高的激光束。最亮的激光其亮度甚至可以达到太阳光亮度的百亿倍。如果把激光在很短时间内会聚到某一点上，就可以产生几千万摄氏度的瞬间高温，几乎可以融化一切物质。

单色性好

光的颜色由光的波长（或频率）决定，一定的波长对应一定的颜色。人们将太阳光的颜色大致分成红、橙、黄、绿、青、蓝、紫 7 种。实际上，太阳光中光的波长是连续分布的，是无数种颜色混合在一起的。在自然界中，无法找到单一波长的光。激光的波长可以集中在很窄的范围内，几乎是一种理想的单色光。

图 6-21　亮度极高的激光束

►►► 相干性好

相干性是光的波动属性中的一种性质。只有频率相同、相位差恒定、偏振方向一致的光才具有相干性。激光具有高度的方向性和单色性，其频率、相位、偏振方向高度一致，因而是一种良好的相干光。所以激光能像无线电波那样进行调制，用来传递信息。

激光的应用

由于激光具有上述的突出特性，因此自诞生以来，激光的应用技术得到了飞速发展。时至今日，激光已经被用在生产、生活的方方面面：激光通信、激光测距、激光医疗、激光全息技术、激光光盘存储、激光工业加工、激光照排、激光打印、激光武器。激光技术已经衍生出许多成熟的技术和应用，极大地改变了我们的生活方式和社会面貌，同时发展成了一系列的新兴产业，有着光明、广阔的应用和发展前途。

►►► 激光信息

激光在信息领域的应用，主要包括以下几个方面：

（1）激光通信。按传输媒质的不同，激光通信可分为大气激光通信（见图6-22）和光纤激光通信。大气激光通信是利用大气作为传输媒质，实现点到点或点到多点的信息传输，具有通信容量大、保密性强、结构轻便、设备经济等优点。光纤激光通信是利用光纤传输激光信号的通信方式。例如，现在的家庭接入互联网一般都已经采用光纤宽带技术。与传统的铜线传输方式相比，采用光纤宽带接入互联网，具有联网稳定、不受外界干扰、没有距离限制、网速可轻松达到百兆甚至更高等优点。

图6-22 大气激光通信

（2）激光存储。通过激光将信息存储在光学存储器里的技术。包括激光光盘存储和激光全息存储两种方式。生活中常见的有 VCD 光盘和 DVD 光盘，如图6-23所示。激光存储具有数据存储密度高、寿命长、便于携带和大量拷贝复制等优点。

（3）激光显示。通过激光将信息显示、打印或印刷出来。包括激光投影、激光显示器、激光打印和激光照排等技术。

图6-23 光盘存储

►►► 激光测距

激光由于单色性好、方向性强等特点，因此可以用来测量距离（见图6-24），被称为"最准的尺"。激光测距仪就是利用激光对目标的距离进行准确测定的仪器。激光测距仪重量轻、体积小、功耗低、操作简单、速度快且准确,其误差仅为其他光学测距仪的五分之一到数百分之一,并且可以日夜作业。因而被广泛用于地形测量、战场测量,如坦克、飞机、舰艇和火炮对目标的测距。还可以实现对云层、飞机、导弹以及对人造卫星和月球等远距离目标的测量。

图 6-24　激光测距

▶▶▶ 激光加工

（1）激光打孔。利用高功率密度激光束照射被加工材料,使材料很快被加热至汽化温度,蒸发形成孔洞（见图 6-25）。与常规打孔手段相比,激光打孔速度快、效率高;可在硬、脆、软等各类材料上进行;可在难加工材料的倾斜面上加工小孔;非常适合于数量多、高密度的群孔加工;打孔过程中无工具损耗。

图 6-25　激光打孔

（2）激光切割。在激光打孔的原理基础上,只要移动激光束或工件,即可打出宽度很窄的（如 0.1 mm 左右）切缝,完成对材料的切割（见图 6-26）。可以对钢、钛、陶瓷、石英、橡胶、塑料、皮革、化纤、木材等各种材料进行切割,且切面非常平整,在各种工业加工方面都有应用。

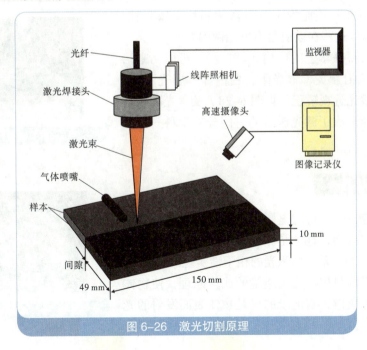

图 6-26　激光切割原理

（3）激光焊接。利用高能量密度的激光束作为热源，使被焊接的两部分在熔融状态下结合在一起，是一种高效精密的焊接方法。激光不仅可以焊接常见的各种金属材料，还可焊接塑料、陶瓷等材料。激光在计算机的控制下，还可以很方便地进行自动化高速焊接。

（4）激光雕刻。以数控技术为基础，激光为加工媒介，利用加工材料在激光照射下可以瞬间熔化或汽化的特点，实现对材料的精细加工雕刻（见图6-27）。激光雕刻精度高、速度快，且在加工过程中与材料表面没有接触，材料表面不会变形，一般无须固定。不受材料的弹性、柔韧性影响，方便对软质材料进行加工雕刻。雕刻出来的文字或图像没有刻痕，物体表面依然光滑，不易磨损。激光雕刻的材料非常广泛，除了常见的金属材料外，还可以雕刻加工普通玻璃、有机玻璃、皮革、布料、塑料、木材、牛角、纸板、玉石等多种材料。

图6-27 激光雕刻

激光医疗

（1）激光美容。高能量的激光通过精确的聚焦控制、时间控制作用于人体组织，在局部产生高热量从而达到去除或破坏目标组织的效果。激光可以治疗各种血管性皮肤病及色素沉着，如去除雀斑、老年斑、纹身、洗眼线、洗眉等。利用高能脉冲激光还可以除皱、磨皮换肤、美牙净齿。

（2）激光手术。激光是一把出色的"手术刀"。激光手术具有切口小而精准、创伤轻、不留疤痕、术后恢复快等优点。而且由于激光在切割生物组织的同时对切口有灼烧效果，因此刚切开的小血管可以马上被封闭，做到术中不出血，减少被感染的风险。同时，也使医生可以在一些血管十分丰富的病灶（如肝脏）位置进行手术，这些在以前是不可能做到的。

激光在眼科医学上的应用尤其广泛，可以用来治疗泪道阻塞、泪囊炎、青光眼、白内障、屈光不正，还可以进行激光近视矫正（见图6-28）及激光眼袋整形。现在已经形成了激光医学的一门分支学科——激光眼科学。

图6-28 激光视力矫正

激光全息技术

大家一定在一些科幻电影中看到过在空间中呈现出立体影像的画面，这就是激光全息技术。激光全息技术（见图6-29）是利用激光的相干性实现的。

普通照相机照相时运用透镜的成像原理，使物体在感光底片上成像，其记录的仅是物体表面发射的光或反射的光。

图6-29 激光全息技术

激光全息技术则利用光的干涉原理，使感光片上不仅记录光的强度，还记录了光的振幅、相位等全部的信息，在再现被摄物体时就能得到含有物体影像全部信息的立体像。

激光全息技术的应用非常广泛，并不断被应用于新的领域。

激光武器

激光武器是指用高能量的激光对远距离的目标进行精确射击或用于防御导弹等的武器，如图 6-30 所示为一常见的激光武器——激光炮。激光武器具有以下优点：

图 6-30　激光炮

（1）反应快。激光武器一旦发现对方目标，可立即投入战斗。

（2）速度快。由于激光是以光速飞行，每秒 3×10^5 万千米，任何武器都没有这样快的速度，它一旦瞄准，几乎不需要时间就能立刻击中目标。

（3）命中率高。由于激光武器速度快、不用考虑提前量、杀伤命中率特别高，可以说是百发百中。这一优点在拦击低空快速迫近的目标时尤其重要。

（4）成本低。举例来说，发射一枚"爱国者"导弹要几百万人民币，发射一枚短程"毒刺"式导弹要数十万人民币，而激光发射一次仅需几千人民币，今后随着技术的发展，激光发射一次的费用还可以进一步降低。

● 物理与生活

脑洞大开的发明——激光灭蚊炮

微软前工程师 Nathan Myhrvold 设立的创意公司 Intellectual Ventures Laboratory 公布了一项任性的发明：用激光打蚊子。

这种灭蚊神器被称为"光剑"（Photonic Fence），是一把微型激光炮（见图 6-31），全自动击发，30 m 范围内百发百中。

图 6-31　激光灭蚊炮

这个激光炮能利用摄像机和光学侦测捕捉入侵的蚊虫。它能发出低能量无害的红外探测激光，再由反光板反射回来，组成一道探测用的"光墙"。当蚊子触碰到"光墙"时，激光器会立刻发出一道激光射到蚊子身上，再通过尺寸与翅膀振动频率确认是否是蚊子且中间有无障碍物。若是蚊子且中间无障碍物，随后激光炮便会发射高能的攻击性激光，将蚊子击落。

在如图 6-32 所示的视频截图里，我们能看到蚊子被激光照射后烧焦的翅膀。

激光炮由计算机自动控制，非常精确。此外，由于杀灭蚊子并不需要太高的能量，因此这架激光炮不会误伤其他动物或人。

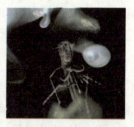

图 6-32　灭蚊视频截图

它能够在 1 s 之内消灭数十只蚊子，有效距离约为 30 m。除了速度快，该激光炮还很精准，它能区别蝴蝶和蚊子，也能分辨雌蚊子和雄蚊子，只有雌蚊子（翅膀低频拍打）才会叮咬人类。

一只蚊子被它射下来的慢镜头如图 6-33 所示。

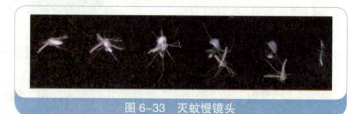

图 6-33　灭蚊慢镜头

这款灭蚊神器不仅获得了盖茨基金会的赞助，还入选了《时代》周刊的五十大最佳发明榜单。

这个浮夸的大家伙目前还没有量产计划，但如果量产，成本能控制在 50 美元以下。

科技的创新其实就是在我们的日常生活中汲取灵感的，每个人都有自己创造性的想法，但是大多数人却选择忽略，想想我们会因此而失去多少可能成就的事物，所以不要放过脑海中每一个看起来不可思议的想法，也许某一天，它真的可能成为现实，并且改变我们的生活。

● 思考与讨论

根据激光的特性和已知的用途，想象一下激光还可以有哪些用途？

● 物理与科技

从星光到激光——人类照明技术的历史

远古的人类凭借着夜空中微弱的星光和盈缺轮回的月光开始摸索前行，踏上了通向文明的道路。

人类仅仅靠自然光照明是不够的，黑夜和冬季是漫长的。在某场雷电劈中森林后，人类的祖先们偶然学会了用火，火不仅带来了烤熟的食物，更可以照亮夜晚，进而驱逐野兽、带来温暖。从自然光到"热辐射光源"的跨越，就这样完成了。

以篝火、火堆形式存在的"热辐射光源"不便于移动，于是人们拿起一根燃烧的树枝，在树枝另一段绑上更多的可燃物，蘸上油脂——火把就这样诞生了。早期的油脂，主要是动物脂肪——又肥又不好吃，就用来照明；其次就是松树油脂。火把的历史，可能有上百万年。

大约在距今 5 000 年前，中国的祖先发明了油灯。人类使用油灯照明的历史特别长。在这期间，油灯经过了多次改进。油灯用油从动物油改为植物油，最后（20世纪）又被煤油取代。灯芯也经历了草、棉线、多股棉线的变化过程。为了防止风把火吹灭，人们给油灯加上了罩。早期的罩是用纸糊的，很不安全，后来改用玻璃罩。这样的油灯不怕风吹，在户外也照样使用，而且燃烧充分、不冒黑烟。

在公元 3 000 年前（据今 5 000 年），埃及和希腊就有蜡烛的相关纪录，古代的蜡烛皆以动物脂肪制造。1358 年，在英国伦敦，人们用蜂蜡来制造蜡烛照明。1830 年，人们从煤炭沥青中分离出了石蜡。1934 年，开始了合成蜡的制造历史。

1879 年，爱迪生发明了白炽灯，帮助人类开启了电气照明的时代。此后的一个多世纪里，电气照明以令人眼花缭乱的速度发展，不断推陈出新，先后出现了汞灯、钠灯、荧光灯。

自 20 世纪 60 年代，世界第一个半导体发光二极管诞生以来，LED 照明因具有寿命长、节能、色彩丰富、安全、环保特性，被誉为人类照明史上的希望之光。甚至有人指出，高亮度 LED 灯将是人类继爱迪生发明白炽灯之后，人类照明历史上最伟大的发明。目前，体积更小、更亮、更省电的 LED 灯，逐渐成为人们主要的照明用具。

照明技术一直向着更稳定、更光亮且更易控制的方向发展，近年来崭新的激光照明被业内各大企业寄予厚望，更有要替代 LED 照明的趋势。与 LED 照明比较，激光照明具有以下优势：

（1）由于激光光源与普通光源发亮的原理不同，激光发亮只是单色光源，只有一种波长而不像普通光源那样可制造涵盖所有波长的彩色光波。这样的特性使得激光照明度更强，与现有的 LED 灯相比，激光灯可以比 LED 灯亮 1 000 倍，同时体积更小、更节能、照射距离更远。

（2）随着激光器等硬件技术的日益成熟，在利用激光照明时，能够精确、迅速并且安全地控制照明的光型。

（3）由于激光光源非常高效，在高亮度的同时激光照明的能耗功率却出奇地小，这就意味着更低的电力需求。激光光源在航空领域的应用已经屡见不鲜，甚至可以应用到微型卫星照明上。

可以预料，在不久的将来，激光照明将会取代 LED 照明，翻开人类照明历史上新的一页。

● 奇思妙想

自制激光显微镜

所需材料：一只注射器、一支激光笔、几个纸杯或玻璃杯、绝缘胶带。

制作步骤（见图6-34）：

（1）用注射器吸入水样本（比较脏的池塘水或河水，里面的微生物较多）。

（2）挤出一滴水，把注射器悬空放置在两个杯子中间。用胶带固定激光笔的开关，使其置于打开状态。

（3）将环境灯光调暗，用激光笔照射这滴水，使光穿过水滴照射在墙面上，调整照射角度，直至在墙面上出现放大的水滴的影像。你会看到有很多微生物在水里游来游去。

图 6-34 自制激光显微镜

学生实验六
光的全反射实验（选做）

实验目的

（1）观察光的全反射现象。
（2）分析光的全反射条件。
（3）体会光的全反射的应用。

实验器材

半圆柱形玻璃砖块；全反射棱镜2个；激光笔1支；白纸若干。

 观察光的全反射现象

如图6-35所示，将半圆柱形玻璃砖固定在光具盘上，观察激光光束分别从空气进入玻璃和从玻璃进入空气时的折射和反射情况。

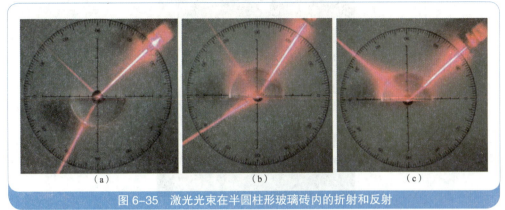

图 6-35 激光光束在半圆柱形玻璃砖内的折射和反射

（a）从空气进入玻璃；（b）从玻璃进入空气；（c）恰好发生全反射

以上两种过程中：

（1）当入射角增大时，观察折射角及折射光的强度如何变化？

（2）当入射角增大到某一角度时，哪个过程会出现折射光线完全消失的现象？

 ## 体会全反射的应用

（1）观察全反射棱镜。如图 6-36 所示，棱镜的截面为等腰直角三角形。当光以图 6-36（a）或图 6-36（b）所示的方向射入棱镜时，观察光传播的路径有什么特点。

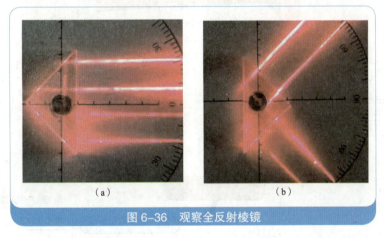

图 6-36 观察全反射棱镜

（2）如图 6-37 所示，激光笔发出的光射入一根弯曲的有机玻璃棒的一端，光传播的路径有什么特点。

图 6-37 激光在有机玻璃中的传播

·实验结论

　　光线由水或玻璃射向空气中时，当入射角达到临界角后折射光线将全部消失，称之为 ＿＿＿＿＿＿＿ 现象。

本单元小结

知识结构

光的反射与折射
光的全反射   光的全反射
全反射的应用

光现象及应用

　　　　　　　　　　　　　　　　　　激光的产生及原理
激光的特性及应用   激光的特性
　　　　　　　　　　　　　　　　　　激光的应用

重点知识

1. 光的全反射

（1）反射定律：反射光线与入射光线、法线处在同一平面内，反射光线和入射光线分别位于法线的两侧；反射角等于入射角。

（2）折射定律：折射光线与入射光线、法线处在同一平面内，折射光线和入射光线分别位于法线的两侧；入射角的正弦与折射角的正弦之比为某一常数，即

$$\frac{\sin i}{\sin r} = n$$

（3）折射率：当光从真空射入某种介质发生折射时，入射角的正弦和折射角的正弦之比称为这种介质的绝对折射率，简称折射率，用符号 n 表示，即

$$n = \frac{\sin i}{\sin r} = \frac{c}{v}$$

（4）全反射：在两种介质的分界面处，折射光完全消失，入射光的能量通过反射光被全部反射回来，这种现象称为光的全反射。

（5）临界角：恰好发生全反射时，对应的入射角称为临界角，用 C 表示，即

$$\sin C = \frac{1}{n}$$

（6）全反射的应用：全反射棱镜、光导纤维、海市蜃楼。

2．激光的特性及应用

（1）激光的诞生：1960 年，梅曼制造出世界上第一台红宝石激光器。

（2）激光的原理：受激辐射。

（3）激光的特性：方向性好、亮度极高、单色性好、相干性好。

（4）激光的应用：①激光信息；②激光测距；③激光加工；④激光医疗；⑤激光全息技术；⑥激光武器。

单元检测题

一、填空题

6-1　当光发生折射时，折射光线与入射光线、法线处在_____内，折射光线和入射光线分别位于法线的_____；入射角的正弦与折射角的正弦之比为_____。

6-2　当光从空气斜射入水中时，折射角_____入射角（填"大于"或"小于"）；若使入射光线远离法线，则折射角将_____（填"变大"或"变小"）。

6-3　光从_____射入_____发生折射时，入射角的正弦和折射角的正弦之比，叫作这种介质的绝对折射率，简称折射率，用符号_____表示。

6-4　在两种介质的分界面处，折射光_____，入射光的能量通过反射光被全部_____，这种现象称为光的全反射。恰好发生全反射时，对应的入射角称为_____，用 C 表示。

6-5　激光的主要特性是_____、_____、_____、_____。

二、选择题

6-6　酷热的夏天，在平坦的柏油公路上，你会看到在一定距离之外，地面显得格外明亮，仿佛是一片水面，还能看到远处车、人的倒影。但当你靠近"水面"时，它也随你的靠近而后退。对此现象的正确解释是（　　　）。

A.同海市蜃楼具有相同的原理，是由于光的全反射造成的

B."水面"不存在，是由于酷热难耐，人产生的幻觉

C.太阳辐射到地面，使地表温度升高，折射率大，发生全反射

D.太阳辐射到地面，使地表温度升高，折射率小，发生全反射

6-7　光导纤维在信息传递方面有很多应用，利用光导纤维进行光纤通信所依据的原理是（　　　）。

A．光的折射　　　B．光的全反射　　　C．光的干涉　　　D．光的色散

6-8　（多选）对于激光的认识，下列说法中正确的是（　　　）。

A．普通光源发出的光都是激光

B．激光是自然界普遍存在的一种光

C．激光是一种人工产生的单色光

D．激光在信息技术领域有着重要的应用

第七单元

核能及其应用

撕一张纸片时，你是否曾想过，纸片能否一直分割下去？
当你站在阳光底下时，是否惊叹过太阳那取之不尽的热量？
本单元我们将带你走进原子的世界，感受核能的威力。

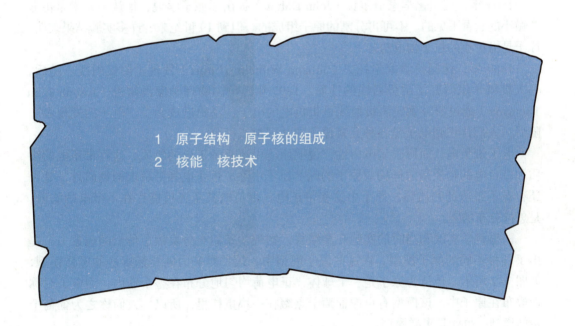

1　原子结构　原子核的组成
2　核能　核技术

1 原子结构　原子核的组成

　　食品的辐射保鲜最早由美国人发明，这一技术比传统保鲜方法更优越，因此，被迅速推广使用。辐射保鲜比通常的日晒、阴干、腌、冷藏等保鲜方法更廉价、方便、高效，不会耗损食品中的营养成分，且能杀死食品中的细菌及其他微生物。经辐射过的水果、蔬菜的保鲜期可延长一至两个月，而一包鲜牛肉经过辐射后，在室温下能存放 20~30 天。辐射保鲜因其廉价、方便、高效及保鲜时间长且无辐射残留等特点，已经被大量应用，如图 7-1 所示。

图 7-1　辐射保鲜

 原子结构的探索历史

　　1803 年，英国化学家道尔顿（John Dalton）提出了原子学说，他认为元素是由非常微小的、看不见的、不可再分割的原子组成的。但到 19 世纪末，许多实验结果表明，原子是由更小的粒子构成的。

　　1869 年，德国科学家希托夫（Johann Wilhelm Hittorf）发现了阴极射线。随后，一大批科学家研究了阴极射线的性质。1897 年，英国物理学家汤姆逊（Joseph John Thomson）通过研究确定阴极射线是带负电的电子，汤姆逊成为了"电子的发现者"。随后，人们认识到电子是各种元素原子的共同组成部分。

　　电子带负电，而原子呈电中性，说明原子中还有带正电的物质。这些带正电的物质和带负电的物质是怎样构成原子的呢？原子中除了带正电和带负电的物质外，是否还存在不带电的物质呢？原子中这些带正电、带负电甚至还可能存在不带电的物质，是怎样分布的呢？

　　根据科学实践和当时的实验观测结果，物理学家们充分发挥了他们的想象力，提出了各种不同的原子模型。在这些原子模型中，最具影响力的是汤姆逊的枣糕模型，如图 7-2 所示。他认为原子是一个球体，正电荷均匀地分布在整个球内，而电子对称地散布在原子中。该模型有点像葡萄干点缀在一块蛋糕里，所以，人们称之为葡萄干蛋糕模型，也就是枣糕模型。

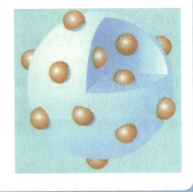

约瑟夫·约翰·汤姆逊

图 7-2 汤姆逊和他的枣糕模型

汤姆逊的枣糕模型能解释部分实验现象，但数年后，该模型被汤姆逊自己的学生卢瑟福（Ernest Rutherford）推翻了。

α 粒子散射实验

1909—1911 年，英国物理学家卢瑟福（Ernest Rutherford）和他的助手做了用 α 粒子（即氦原子核，是带正电的粒子流）轰击金箔的实验，实验的原理如图 7-3 所示，这就是著名的 α 粒子散射实验（α–particle scattering experiment）。通过实验发现，绝大多数 α 粒子穿过金箔后仍沿原来的方向前进，但存在少数 α 粒子发生大角度的偏转，也有极少数 α 粒子的偏转角度几乎达到了 180°，实验结果如图 7-4 所示。

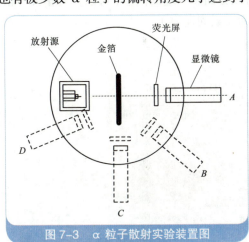

图 7-3 α 粒子散射实验装置图

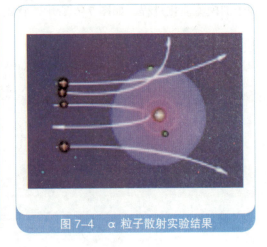

图 7-4 α 粒子散射实验结果

原子的核式结构

在 α 粒子散射实验中，发现极少数 α 粒子的大角度偏转现象是出乎意料的。依照汤姆孙模型，α 粒子穿过金箔后偏离原来方向的角度应该很小，因为电子的质量要

比 α 粒子小很多。α 粒子碰到电子,就像高速飞行的子弹碰到尘埃一样,运动方向不会发生明显的转变。

为了解释这个实验结果,卢瑟福(见图7-5)在 1911 年提出了原子的核式结构模型,他认为原子的中心有一个很小的核,称为原子核(Atomic Nucleus),原子的全部正电荷和几乎全部质量都集中在原子核里,带负电的电子在核外空间里绕原子核转动。原子核所带的正电荷数和核外电子所带的负电荷数相等,从而整个原子呈电中性。

欧内斯特·卢瑟福

根据卢瑟福的核式结构模型,当 α 粒子穿过原子时,电子对 α 粒子的影响很小,影响 α 粒子运动的主要因素是带正电的原子核。绝大部分的 α 粒子穿过原子时离原子核比较远,原子核对它们的作用比较小,因此这些粒子基本沿直线前进。少数 α 粒子在穿过原子时,离核比较近,原子核对它们的排斥力比较大,从而使它们发生偏转。偏转角度大的粒子非常少,是因为原子核非常小。

图 7-5 卢瑟福

根据 α 粒子散射实验,可以估算出原子核的直径为 $10^{-15} \sim 10^{-14}$ m,原子的直径大约只有 10^{-10} m,即原子核的直径大约只有原子直径的万分之一,非常小。而原子核的体积只相当于原子体积的万亿分之一。原子核虽然很小,但由于核外电子的质量远远小于原子核的质量,故原子的绝大部分质量都集中在原子核。

从卢瑟福提出核式结构以后,原子的模型又出现玻尔模型和电子云模型。后面两个模型,均是与核外的电子如何分布有关,对该方面感兴趣的同学,可以参阅相关书籍。原子的模型演化过程,如图7-6所示(背景为元素周期表)。

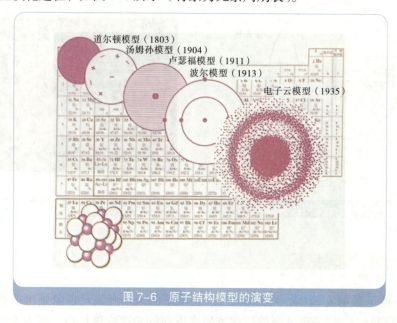

图 7-6 原子结构模型的演变

原子核的组成

通过科学家们的努力，确认了原子是可分的，原子包含了原子核和核外电子。人们自然会想，原子核是否可以再分呢？

1919年，卢瑟福用镭发射的 α 粒子轰击氮原子核，从氮原子核中打出了一种粒子。他通过测定该粒子的质量和电荷，确定这个新粒子就是氢原子核，卢瑟福将其命名为质子（proton）。之后，人们从氟、钠、铝等原子核中均打出了质子，表明质子确实是原子核的组成部分。

起初，人们认为原子核的质量应该等于它所含有的带正电荷的质子数。但一些科学研究表明，原子核的正电荷数与它的质量居然不相等。也就是说，原子核除了含有带正电的质子外，还包含其他不带电的粒子。

1932年，英国物理学家查德维克（James Chadwick）用 α 粒子轰击铍，再用铍产生的射线轰击氢、氮，结果打出了氢核和氮核。查德维克测量了被打出的氢核的速度，由此推断从被轰击的铍中产生的射线是一种质量与质子差不多的中性粒子，将其命名为中子（neutron）。随后，人们从其他许多原子核中都打出了中子，表明中子也是原子核的组成部分。

在发现质子和中子后，如果认为原子核是由质子和中子组成的，则以前在原子结构理论中碰到的问题就迎刃而解了。原子核是由质子和中子组成的这一看法，很快得到了大家的认可（见图7-7）。质子和中子的质量几乎相等，原子核的质量数等于它的质子数与中子数之和。人们将质子和中子统称为核子（nucleon）。

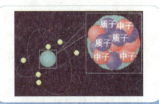

图7-7 原子结构示意图

到目前为止，我们知道了原子是由核外电子和原子核组成的，而原子核包含质子和中子。图7-8是元素周期表中部分原子的结构示意图。

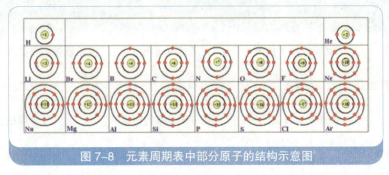

图7-8 元素周期表中部分原子的结构示意图

注：中心黄色的为原子核，数字表示原子核中的质子数量，外面的同心圆为电子运行轨道，红点为轨道上的电子数。

天然放射现象

在原子的结构发现过程中，科学家们发现并用到了阴极射线及由 α 粒子或中子组成的射线。这些射线，有些是物质自发地辐射出来的，有些是用其他射线轰击物质之后产生的。由物质自发辐射出射线的现象称为天然放射现象（Natural Radioactivity）。

天然放射现象最早由法国物理学家贝克勒尔（Antoine Henri Becquerel）于 1896 年发现。贝克勒尔在实验中发现，铀能放出肉眼看不见的射线，这种射线能穿透黑纸使照片底片感光。

随后，在贝克勒尔的建议下，法国科学家皮埃尔·居里（Pierre Curie）和玛丽·居里（Marie Sklodowska Curie）夫妇对铀和铀的各种矿石进行了深入研究，并发现了两种放射性更强的新元素钋和镭。

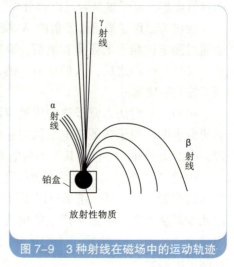

图 7-9　3 种射线在磁场中的运动轨迹

铀、钋和镭等物质发射射线的性质叫放射性（Radioactivity）。具有放射性的元素称为放射性元素（Radioactive Element）。通过对放射性现象的研究，发现放射性元素发出的射线，在穿过磁场时分为 3 束，如图 7-9 所示。中间那一束射线不带电，称为 γ 射线（γ-ray）；左边一束带正电，称为 α 射线（α-ray）；右边一束带负电，称为 β 射线（β-ray）。

通过实验，人们发现 α、β、γ 这 3 种射线具有不同的性质，3 种射线的具体性质见表 7-1。3 种射线的贯穿能力如图 7-10 所示。

表 7-1　3 种射线的性质

射线种类	α 射线	β 射线	γ 射线
组成成分	高速氦原子核流	高速电子流	波长较短的电磁波（光子流）
对空气的电离能力	很强	较弱	很弱
贯穿能力	一张纸就可以挡住	需要 6 mm 厚的铝板	几厘米厚的铝板
电磁场中的现象	偏转	与 α 射线反向偏转	不偏转

放射性并不是少数几种元素才有的。研究发现，原子序数大于 83 的所有元素，都能自发地放出射线，原子序数小于 83 的元素，有的也具有放射性。

原子核放出 α 粒子或 β 粒子后，由于核电荷数变了，因此变成了另一种原子核。我们把原子核由于放射出某种粒子而转变为新的原子核的变化称为原子核的衰变。在这个衰变过程中，衰变前的质量数等于衰变后的质量数之和；衰变前的电荷数等于衰变后的电荷数之和。放射出 α 粒子的衰变称为 α 衰变（α -decay）；放射出 β 粒子的衰变称为 β 衰变（β -decay）。放射性的原子核在发生 α 衰变或者 β 衰变变成新的原子核时，有的具有过多的能量，这时就会产生 γ 射线。因而，γ 射线是伴随 α 射线或 β 射线产生的。

当放射性元素经过一系列的衰变后，原子序数不断减少，最后变成了没有放射性的元素，整个变化规程就会停止。比如，镭经过一系列的 α 衰变和 β 衰变后，变成了没有放射性的铅。

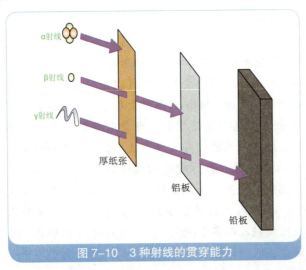

图 7-10　3 种射线的贯穿能力

放射现象表明，原子核是由更小的粒子组成的，原子是可以改变的。放射现象的发现和研究，促使人们进一步探索原子核结构的秘密，为核物理这一门科学奠定了基础。

●广角镜

放射性同位素和考古

在自然界中，除了一般的碳元素——碳 12 外，还存在一种碳的同位素——碳 14。碳 14 的半衰期约为 5 730 年，衰变方式为 β 衰变，碳 14 原子转变为氮原子。碳 14 主要是由于宇宙射线撞击空气中的氮元素而产生的。碳 14 混在二氧化碳气体分子中，通过植物的光合作用，传播到整个生物界。并且，碳 12 和碳 14 两种同位素在生物体中的含量始终保持着和大气中一样的比例。当生物死后，与外界停止了气体的交换，生物体中的碳 14 由于得不到补充，就会逐渐衰变而减少。而由于碳元素在自然界的各个同位素的比例一直都很稳定，科学家们只要测出现在各种生物体中碳 14 的含量，再比较出土文物，如木头、骨骼中碳 14 的含量，就可以估计它的大概年龄。这种方法称为碳定年法。

物理与生活

放射性的危害与防护

人体受到放射线的照射，随着射线作用剂量的增大，有可能随机地出现某些有害效应。例如，它可能诱发白血病、甲状腺癌、骨肿瘤等恶性肿瘤；也可能引起人体遗传物质发生基因突变和染色体畸变，造成先天性畸形、流产、死胎、不育等病症。根据《中华人民共和国放射性污染防治法》第十六条规定：放射性物质和射线装置应当设置明显的放射性标识和中文警示说明。图 7-11 所示图标是国际通用的放射性物质标志，大家需要培养对放射性物质的防范意识，尽可能远离放射源。

图 7-11 放射性物质标志

放射性辐射不能被人体器官感受到，但可以通过专门的仪器测量出来。度量人体所接受辐射剂量的单位是 Sv(西弗)。短时大剂量辐射的医疗反应如图 7-12 所示。

对于辐射危害来说，危险度是指单位当量剂量引起某种随机性效应的发生概率。如要估计某器官致死性癌症的危险度，就要统计受照群体的人数的剂量，发现受照群体中患致死性癌症的人数，超过相似情况下对照群体患致死性癌症的预期数，即可视为是由辐射诱发的，由此估计出单位当量剂量致癌的危险度。例如，一个 100 万人的群体，每个人的红骨髓受到 1 Sv 的照射，若受照人群中红骨髓诱发致死白血病的人数比对照人群多 2 000 人，则危险度为 $2\ 000/1\ 000\ 000 \times 1$，即记作 20×10^{-4} Sv。国际上公认的比较安全的工业，其危险度为 10^{-4} Sv。

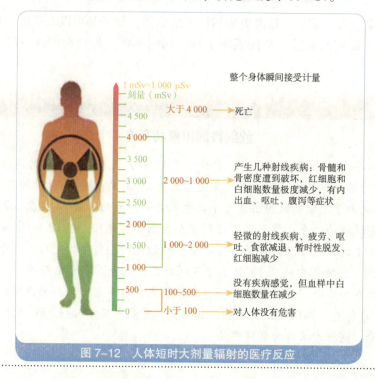

图 7-12 人体短时大剂量辐射的医疗反应

放射线在生产中的应用

　　放射线对人类是一把双刃剑，一方面，短时大剂量辐射会给人类带来伤害；另一方面，将放射线的一些特性应用到各个领域，能为我们的生活带来便利。下面介绍放射性在农业、工业和医学中的应用。

◇在农业中的应用

　　将放射线用于农业，可以防治病虫害、抑制发芽、杀虫、灭菌、品种改良及延长食品保存期限等，增加农作物和食品产量或提高农作物的经济价值。利用放射线保存食物，既不会降低食物原有的天然养分，也不会有放射性残留。

◇在工业中的应用

　　利用放射线的贯穿本领跟物体的厚度和密度的关系，可以用放射线来检查各种产品的厚度、密封容器中液面的高度，从而自动控制生产过程，同时也可以用来消除静电。

◇在医学中的应用

　　放射线在医学作用的应用最早可以追索到居里夫人，第一次世界大战期间，她利用 X 光设备诊救伤病员。随着医学的发展，放射线在医学中的应用主要包括放射线杀毒、放射线诊断和放射线治疗等方面。

　　放射线可用于医疗器材的消毒。由于一般的高温消毒会损害针筒、药膏和绷带的品质，而辐射本身不具有高温，所以利用放射线消毒灭菌在医学中已被广泛应用。

　　放射治疗简称放疗，指用射线消除病灶，是一种针对肿瘤的物理疗法。放射治疗作为治疗恶性肿瘤的一个重要手段，对于许多癌症可以产生较好的效果。但是放疗会产生放射性皮炎、放射性食管炎以及食欲下降、恶心、呕吐、腹痛、腹泻或便秘等诸多毒副反应，利用中药与化疗进行配合治疗，不但可有效地消除这些毒副反应，还可以增加癌细胞的放射敏感性，帮助放射线彻底杀灭癌细胞。

● **练一练**

　　（1）请查阅相关资料，列出历史上物理学家们描述原子核结构的 4 种模型。

　　（2）请简述原子的基本结构。

　　（3）请简述放射线的种类，并说明各自的特性。

　　（4）收集材料，了解物质的放射性在医疗和农业中的主要应用。

2 核能 核技术

核聚变被认为是人类的下一个主要能源，能够解决全世界的能源危机。核聚变反应堆与当前使用的核反应相比，最大的特点是没有放射性废物排放，可以获得清洁的能源，废弃物不会对环境构成危害，但是核聚变反应堆却非常难以研制，因为它需要在封闭的空间内利用磁场来约束等离子体的反应，其温度会很高，而且只有利用磁场才能有效地控制反应的进行，当前的任何材料都无法承载如此高的温度。如图 7-13 所示，是核聚变的模拟图。

图 7-13 核聚变模拟图

核能 质量亏损

上一节提到过原子核能发生衰变，在衰变的过程中放出射线，原子核由于放射出某种粒子而转变为新的原子核。除了原子核衰变外，人们发现还可以通过重核裂变和轻核聚变两种方式获得新的原子核。

实验证明，原子核在裂变和聚变的过程中，都会有能量释放出来，这就是核能（Nuclear Energy），也叫作原子能（Atomic Energy）。那么核能的能量来源是什么呢？

无论是重核裂变还是轻核聚变，核反应后粒子的质量都会减少，这种现象在物理学上称之为质量亏损（Mass Defect）。爱因斯坦于 1907 年指出，能量与质量密切联系，具有一定质量 m 的物质，也具有与该质量相当的能量 E，质量和能量的关系为

$$E = mc^2$$

式中，c 为光速，这就是质能方程。当质量发生变化时，就有相应的能量变化，反之亦然。即

$$\Delta E = \Delta mc^2$$

爱因斯坦的质能关系指出，物体的能量和质量之间存在着密切的联系。聚变和裂变过程中会出现质量亏损，必然要放出能量，这就是核能存在的原因。

在核反应中，质量出现 Δm 的亏损，就会释放出 ΔE 的能量。比如铀核裂变时，平均每个核子释放出的能量大约为 1.6×10^{-13} J，如果 1 kg 铀全部裂变，将释放出相当于 2 500 t 的优质煤完全燃烧释放出的化学能。

重核裂变

首先发现重核裂变的是德国物理化学家哈恩和斯特拉斯曼。1938 年 12 月 16 日，他们用一种慢中子来轰击铀核时，惊奇地发现：反应不仅迅速强烈，释放出很高的能量，而且铀核分裂成了一些原子序数小得多的、更轻的物质成分。经过一系列的研究和验证，科学家们终于肯定了这种反应就是铀 235 的裂变。"铀核裂变"这一重大发现，使原子能的应用变为现实，为人类开辟了新能源。

链式反应原理　链式反应视频

当用中子轰击铀 235 时，铀核会产生裂变，同时产生 2~3 个中子，这些中子又会引起其他铀核的裂变，这样裂变反应就会不断地进行下去，这种反应叫链式反应（Chain Reaction）。链式反应的原理如图 7-14 所示。

图 7-14　链式反应

科学家们为了使核裂变造福于人类，付出了巨大的劳动。我们已经知道，中子是实现核裂变链式反应的媒介，因此要使一个体系的链式反应能持续地进行下去，就必须使中子的数目至少不随时间而减少。科学家们通过实验发现，要造成链式反应，只能利用天然铀中含量极少的铀 235。而采用铀 235 产生链式反应时，还要求铀块具有一定的体积。因为原子核非常小，如果铀块的体积不够大，则中子从铀块中通过时，可能还没有碰到铀核就已经跑到外面去了。把能够发生链式反应的铀块的最小体积称为它的临界体积（Critical Volume）。当铀 235 的体积超过临界体积时，只需要中子进入铀块，就会立即引起铀核的链式反应，在极短的时间内释放出大量的核能，发生猛烈爆炸。原子弹就是根据这个原理制作出来的。如图 7-15 所示为原子弹爆炸的示意图。

图 7-15　原子弹爆炸示意图

轻核聚变

轻核聚变的研究也花费了科学家们很长的时间。1919 年英国物理学家阿斯顿（Francis William Aston）发现轻核聚变反应，并和卢瑟福一起证实了轻元素以足够大的能量碰撞，从而引起核反应的现象。10 年后，在德国工作的阿特金森（Robert d'Escourt Atkinson）和奥特曼斯（Fritz Houtermans）提出了太阳内的氢原子在几千万度高温下聚变成氦的假设。第二次世界大战期间著名物理学家费米和爱德

图 7-16　我国第一颗氢弹爆炸成功

华·泰勒（Edward Teller）提出了氢弹原理和核聚变反应堆的设想。如图 7-16 所示为我国第一颗氢弹爆炸成功的照片。

轻核聚变比重核裂变释放的能量大得多，大约是后者释放能量的 3 倍，虽然能量释放的多，但是它的可控性也降低了。实现聚变的条件要求比较高，需要足够高的温度才能使轻核实现聚合反应，所以轻核聚变反应又称为热核反应（Thermonuclear Reaction）。之所以要求足够高的温度，是因为原子核均带正电，要使原子核合并成一个新的原子核，就必须要求两个原子核非常靠近，从而需要克服电荷之间很大的斥力，要求原子核具有很高的速度（动能）。理论研究表明，当物质达到几百万摄氏度以上的高温时，原子的核外电子已经完全和原子脱离，并且小部分原子核具有足够的动能，能克服相互间的斥力，在相互碰撞中，达到可以产生聚变的程度。如图 7-17 所示为氘原子核与氚原子核的聚变反应原理图。

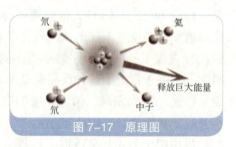

图 7-17　原理图

热核反应是宇宙中很普遍的现象。太阳内部的温度高达 1000 万摄氏度以上，热核反应在那里激烈地进行着。太阳每秒钟辐射出约 3.8×10^8 J 的能量均来源于热核反应。

热核反应能辐射出巨大的能量，是当前很有前途的新能源。热核反应是氢弹爆炸的基础，可在瞬间产生大量热能，但尚无法加以利用。如能使热核反应在一定约束区域内，根据人们的意图有控制地产生与进行，即可实现受控热核反应。受控热核反应是聚变反应堆的基础。聚变反应堆一旦成功，则有可能向人类提供最清洁而又取之不尽的能源。

• 物理与科技

中国的"人造太阳"——EAST

EAST 是指全超导非圆截面核聚变实验装置。于 1998 年 7 月通过国家发展计划委员会立项，并于 2007 年在合肥建成。EAST 实验装置是一个先进的全超导偏滤器，可对与受控核聚变相关的前沿物理问题开展探索性的实验研究，为未来稳态、安全、高效的先进商业聚变堆提供物理和工程技术基础。EAST 通常被人们称为"人造小太阳"，它的反应原理和太阳一样，太阳每天释放出大量的光和热，主要就是因为它的内部每天都在不断地进行核聚变。

2009 年，EAST 成功实现了稳定重复的 60 s 非圆截面双零偏滤器位形等离子体放电。

2010 年，EAST 成功实现了大于 60 倍能量约束时间、高约束模式（H 模）等离子体放电，100 s 内 1 500 万度偏滤器长脉冲等离子体放电，最高等离子体平均电流达 1 MA。

2012 年，EAST 成功获得超过 400 s 的两千万度高参数偏滤器等离子体；获得稳定重复超过 30 s 的高约束等离子体放电。这两项实验结果都分别创下世界纪录，标志着我国在稳态高约束等离子体研究方面走在国际前列。

2016 年 2 月，EAST 实现电子温度达到 5 000 万度且在国际上持续时间最长的等离子体放电，标志着中国在稳态磁约束聚变研究方面继续走在国际前列。

物理与生活

日常生活中的放射性污染

人类的生存环境是一个充满辐射的环境。如图 7-18 所示是人类在生活中受到的天然辐射构成的示意图[①]。

研究表明，在人类接受的天然辐射中，室内辐射占 80% 以上，因此室内放射性污染研究意义重大。室内的放射性污染主要来源于两个方面：室外照射和室内照射。室外照射来源于宇宙射线、贯穿建筑物的室外 γ 辐射、室内氡及其子体的 γ 辐射及室内建筑材料中放射性核素的 γ 辐射，其中，建筑材料内的镭226、钍232和钾40是构成室内 γ 辐射的主要因素；室内照射主要来自于放射性核素在空气中衰变而形成的放射性物质氡及其子体。天然放射性的 β 射线由于能量不高，穿透能力比较弱，一般情况下可不予考虑。

图 7-18 人类在生活中受到的天然辐射

在现代装修材料中，花岗岩、大理石因为其华丽高雅、坚固实用、耐腐蚀等优点而被广泛采用。但是，这些天然的石材大都具有放射性，其中含有的放射性元素镭可以衰变出氡并在室内扩散。氡是一种惰性气体且无色无味，人体吸入过多的氡会诱发肺癌。氡诱发肺癌的潜伏期大多在 15 年以上，世界上有 1/5 的肺癌患者与过量吸入氡有关。氡是导致人类肺癌的第二大"凶手"，仅次于吸烟，世界卫生组织把它列为高度致癌的 19 种物质之一。色彩不同的石材放射性也不一样。白色、红色、绿色和花斑系列的花岗岩放射性活度偏高；大理石、绝大多数的板石、暗色系列（包括黑色、蓝色和棕色）和灰色系列的花岗岩，放射性活度较低。

不仅花岗石、大理石等天然石材具有放射性，地砖、瓷砖、混凝土等居室装修中的必选建筑材料的放射性水平也同样不容忽视。主要原因是它们的制作原料可能是由矿业废渣、煤渣、钢渣或工业副产品组成，而这些副产品里面常常含有浓缩的放射性元素，从而导致制成的建筑材料放射性很高。

① 图片来源于吴明红、王传册编著的《核科学技术的历史、发展与未来》，科学出版社，2015。

除了石材、瓷砖等建筑材料可能产生较强的放射性污染外，一些石材类家具和工艺摆设均可能产生"核辐射"。市场上有一种经过处理能在夜里发光的装饰品，具有很强的放射性，不适宜在居室内摆放。此外，有的含磷矿物被加工成"夜明珠"，其放射性也偏高。

根据国家相关法律规定，在民用建筑设计前，必须进行场地土壤氡浓度测定，并提出检测报告。建筑物的施工设计单位应该从建筑物选址和基本建材的选取抓起，住户在新房居住前可请有关机构做放射性污染测试，以从源头上控制污染。

●练一练

（1）请查阅相关资料，了解我国发展与利用核技术的成就和前景，了解核电站放射性废料妥善处理的必要性和方法。

（2）请查阅相关资料，了解我国氢原子弹的研制历史。

（3）请简述核能发电的主要优点。

本单元小结

知识结构

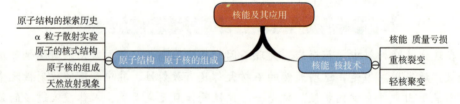

重点知识

1. 原子结构　原子核的组成

1）原子的核式结构

（1）原子由原子核和核外电子组成。

（2）原子的全部正电荷和几乎所有的质量都集中在原子核内。

（3）原子核一般由质子和中子组成。

（4）电子绕原子核旋转。

（5）原子核所带的正电荷和核外电子数相等，原子呈电中性。

2）放射性

（1）具有放射性的元素称为放射性元素。

（2）原子序数大于83的所有元素均具有放射性；原子序数小于83的部分元素也具有放射性。

（3）元素自发放出射线的现象称为天然放射现象。

（4）放射性元素发出3种射线，即 α 射线、β 射线和 γ 射线。

（5）α 射线带正电，β 射线带负电，γ 射线不带电。

2．核能　核技术

（1）重核裂变：重原子核分裂成两个中等质量原子核的过程。

（2）质量亏损：一些核反应后的生成物的总质量比反应前的反应物的总质量减少的现象。

（3）轻核聚变：把某些轻核结合成质量较大的核时，能释放出比裂变更多的能量，这种反应就是轻核聚变。

（4）核能：核反应中放出的能量称为核能。

单元检测题

一、填空题

7-1　原子由 _____ 和 _____ 组成；原子中带正电的是 _____，带负电的是 _____。

7-2　原子核一般由 _____ 和 _____ 组成，其中 _____ 不带电。

7-3　原子的核式结构是 _____ 根据 _____ 实验提出来的。

7-4　放射性元素发出的射线有 _____、_____ 和 _____ 3 种。

二、选择题

7-5　（多选）对卢瑟福的 α 粒子散射实验现象的分析表明了（　　　）。

　　A. 原子内存在着质量和正电荷集中的原子核

　　B. 原子内有带负电的电子

　　C. 电子绕核运行的轨道是不连续的

　　D. 原子核只占原子体积的极小部分

7-6　（多选）如图7-19所示，P 为放在匀强电场中的天然放射源，其放出的射线在电场的作用下分成a、b、c 3束，以下判断正确的是（　　　）。

　　A. a 为 α 射线、b 为 β 射线

　　B. a 为 β 射线、b 为 γ 射线

C. b 为 γ 射线、c 为 α 射线

D. b 为 α 射线、c 为 γ 射线

7-7　日本福岛核电站发生核泄漏危机引起世界对安全利用核能的关注。下列关于核能的说法中正确的是（　　）。

A. 只有裂变才能释放出核能

B. 裂变和聚变都能释放出核能

C. 核能和电能都是二次能源

D. 核能和风能都是可再生能源

7-8　原子弹和氢弹各是根据什么原理制造的（　　）。

A. 都是依据重核裂变

B. 都是依据轻核聚变

C. 原子弹是根据轻核聚变，氢弹是根据重核裂变

D. 原子弹是根据重核裂变，氢弹是根据轻核聚变

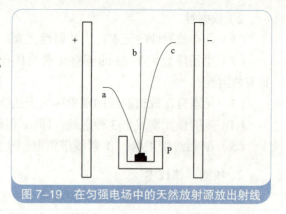

图 7-19　在匀强电场中的天然放射源放出射线

附　录

附录1

国际单位制的基本单位

物理量名称	物理量符号	单位名称	单位符号
长度	l	米	m
质量	m	千克（公斤）	kg
时间	t	秒	s
电流	I	安［培］	A
热力学温度	T	开［尔文］	K
物质的量	n	摩［尔］	mol
发光强度	Iv	坎［德拉］	cd

附录2

国际单位制的导出单位

物理量		单位		导出公式
名称	符号	名称	符号	
速度	v	米每秒	m/s	$v=s/t$
加速度	a	米每二次方秒	m/s^2	$a=(v_t-v_0)/t$
角速度	ω	弧度每秒	rad/s	$\omega=\theta/t$
力	F	牛［顿］	N	$F=ma$
压强	p	帕［斯卡］	Pa	$p=F/S$
力矩	M	牛［顿］米	N·m	
动量	P	千克米每秒	kg·m/s	$P=mv$
功（能量）	W	焦［耳］	J	$W=Fl$
功率	P	瓦［特］	W	$P=W/t$
频率	f	赫［兹］	Hz	
密度	ρ	千克每立方米	kg/m^3	$\rho=m/V$
电荷量	q	库［仑］	C	$q=It$
电压	U	伏［特］	V	
电容	C	法［拉］	F	$C=Q/U$
电阻	R	欧［姆］	Ω	$R=U/I$
电导	G	西［门子］	S	$G=1/R$
电场强度	E	牛［顿］每库［仑］	N/C	$E=F/q$
磁通量	Φ	韦［伯］	Wb	$\Phi=BS$
磁感应强度	B	特［斯拉］	T	

续表

物理量		单位		导出公式
电感	L	亨［利］	H	
摄氏温度	t	摄氏度	℃	
光通量	φ	流［明］	lm	
光照度	E	勒［克斯］	lx	
放射性活度	A	贝可［勒尔］	Bq	

附录3

常用的物理常数表

物理常数	符号	单位	供计算用值
重力加速度	g	$m \cdot s^{-2}$	9.8
水的密度	ρ	$kg \cdot m^{-3}$	1.0×10^3
声音在空气中的传播速度	v	$m \cdot s^{-1}$	340
冰水混合物的温度	t	℃	0
绝对零度	T	K	0
1 标准大气压值	P	Pa	1.01×10^5
一节干电池的电压	U	V	1.5
我国照明电源电压	U	V	220
人体安全电压	U	V	36
地球质量	m	kg	6.0×10^{24}
地球的半径	R	km	6.4×10^3
地球到太阳的距离	r	km	1.5×10^8
真空中的光速	c	$m \cdot s^{-1}$	3.00×10^8
引力常数	G_0	$m^3 \cdot s^{-2} \cdot kg^{-1}$	6.67×10^{-11}
阿伏伽德罗（Avogadro）常数	N_0	mol^{-1}	6.02×10^{23}
普适气体常数	R	$J \cdot mol^{-1} \cdot K^{-1}$	8.31
玻尔兹曼（Boltzmann）常数	k	$J \cdot K^{-1}$	1.38×10^{-23}
理想气体摩尔体积	V_m	$m^3 \cdot mol^{-1}$	22.4×10^{-3}
基本电荷（元电荷）	e	C	1.60×10^{-19}
原子质量单位	u	kg	1.66×10^{-27}
普朗克（Planck）常数	h	$J \cdot s$	6.63×10^{-34}
电子静止质量	m_e	kg	9.11×10^{-31}
电子荷质比	e/m_e	$C \cdot kg^{-1}$	1.76×10^{11}
质子静止质量	m_p	kg	1.673×10^{-27}
中子静止质量	m_n	kg	1.675×10^{-27}
质子电子质量比	m_p/m_e		1 836